Florian Riess

Die moderne Irrlehre

Oder der Liberalismus und seine Verzweigungen im Lichte der Offenbarung

Florian Riess

Die moderne Irrlehre
Oder der Liberalismus und seine Verzweigungen im Lichte der Offenbarung

ISBN/EAN: 9783743439726

Hergestellt in Europa, USA, Kanada, Australien, Japan

Cover: Foto ©Suzi / pixelio.de

Manufactured and distributed by brebook publishing software
(www.brebook.com)

Florian Riess

Die moderne Irrlehre

Die moderne Irrlehre

oder

der Liberalismus

und seine Verzweigungen

im

Lichte der Offenbarung.

Von

Florian Rieß,
Priester der Gesellschaft Jesu.

> Der Römische Papst kann und soll sich
> nicht mit dem Liberalismus aussöhnen.
> Pius IX.

Freiburg im Breisgau.
Herder'sche Verlagshandlung.
1866.

Buchdruckerei der Herder'schen Verlagshandlung in Freiburg.

Vorwort.

Die nachfolgende Abhandlung über den äußern Bestand des Liberalismus ist als Einleitung über Staat und Kirche geschrieben und soll zur Erläuterung des vierten Paragraphen des Syllabus dienen. Sie enthält eine Kritik des Liberalismus. Sieht sich der Verfasser gezwungen, dieses System zu verwerfen, so will er sich damit kein Urtheil über die Männer anmaßen, die sich zu jenem Systeme bekennen. Er weiß überdieß, daß Viele, durch den schönen Klang des Wortes verführt, sich liberal nennen, die doch im Grunde das eigentliche System des Liberalismus keineswegs billigen. Gegen die freisinnigen Bestrebungen der Letztern ist natürlich die folgende Broschüre nicht gerichtet. Sie will überhaupt mehr anregen, als die Untersuchung über den Liberalismus vollständig zum Abschluß bringen. Mögen Andere, die tiefer in die Zeitgeschichte eingeweiht sind, den Faden da, wo er gelassen ist, wieder aufnehmen und weiter spinnen. Jede Berichtigung wird übrigens der Verfasser mit Dankbarkeit entgegen nehmen.

Einleitung.

Die Untersuchung, welche im Folgenden gepflogen wird, gehört aus mehreren Gründen zu den schwierigsten über die Encyclica vom 8. December 1864. Wir finden nämlich in dieser nirgends den Begriff des Liberalismus ausdrücklich definirt, und doch fühlt Jeder, Freund wie Gegner, heraus, daß derselbe sehr scharf darin gezeichnet ist. Die meisten der Sätze, welche im Rundschreiben und seinem Anhange verworfen sind, so disparat sie auch auf den ersten Blick erscheinen, werden von Liberalen bekannt. Drückt also dieser Name ein zusammenhängendes System von irrigen Lehren aus, ähnlich wie bei häretischen Erscheinungen der frühern Jahrhunderte? oder ist er nur ein Collectivname für verschiedene irrige Systeme? oder hat er mit Irrthum und Wahrheit im christlichen Sinne nichts zu thun, und bewegt er sich in einem für beide gleichgültigen Kreise des Lebens? Die Antwort auf diese Fragen ist deßhalb erschwert, weil wir inmitten des Liberalismus leben und der Eine Dieses, der Andere Jenes als das wahre Wesen des Liberalismus angesehen wissen will. Die Folge hievon hat sich auch für die Beurtheilung der Stellung, welche die Encyclica zum Liberalismus einnehme, bemerklich gemacht. Während die Einen behaupteten, nicht der echte, wahre Liberalismus sei ausgeschlossen[1], sondern der falsche, unechte; stellten wieder Andere die entgegengesetzte Ansicht auf, der Liberalismus schlechtweg, also allerdings der echte Liberalismus, sei getroffen[2]; und

---

[1] Die glänzendste Vertheidigung fand diese Auffassung, wie bekannt, in der berühmten Broschüre des Bischofs von Orleans: la convention du 15 Septembre et l'Encyclique du 8 Décembre par Mgr. l'évêque d'Orléans de l'académie française. Paris 1865. Der „Correspondent" hat sich ihr angeschlossen.

[2] Le Monde z. B., Civiltà cattolica, der Bischof von Poitiers u. A. Die histor.-pol. Blätter, der Katholik u. s. w. Namentlich aber die Liberalen selber, welche so ziemlich einmüthig die Encyclica als einen tödtlichen Angriff auf ihr System behandelten.

die beiden Theile wollten über ihre Unterwerfung unter den Ausspruch des hl. Stuhles keinen Zweifel aufkommen lassen, wie auch in der That die Hauptvertreter der beiden Auffassungen in Frankreich, mit Beiseitelassung dieser Frage, Anerkennung für ihre der guten Sache geleisteten Dienste empfangen haben. Es hängt eben hier Alles von der Frage ab, was der echte Liberalismus sei. Aus guten Gründen haben wir uns in der ersten Broschüre: über die Verpflichtung der Encyclica, für die zweite Ansicht erklärt, daß der Liberalismus schlechtweg verworfen sei. Einen Wink gab die Versicherung der unzweifelhaft liberalen Organe, welche dieser Auffassung beipflichteten; sie haben die Vermuthung für sich, daß sie am besten wissen müssen, was Liberalismus sei. Allein entscheidend war, daß das kirchliche Urtheil über den Liberalismus denselben in seiner historischen Erscheinung so gut erklärt und beleuchtet, daß man sagen muß, selbst wenn die liberalen Parteien sich gegen ihre Charakteristik im Syllabus und Rundschreiben sträubten, müßte man dieselbe gegen sie in ähnlicher Weise, wie das Urtheil der Kirche gegen den Jansenismus, aufrecht erhalten. Doch diese Voraussetzung findet, wie bemerkt, keineswegs statt, und ein genaueres Eingehen auf das Wesen des Liberalismus bestätigt die alte Wahrheit in neuer Weise, daß die richterlichen Entscheidungen der Kirche in Glaubenssachen nicht allein die geoffenbarte Lehre, sondern auch den entgegenstehenden Irrthum im hellsten Lichte zeigen und am richtigsten wiedergeben. So ist für unsere Studien über das Wesen, den innern Zusammenhang des Liberalismus mit verwandten historischen Erscheinungen der Vergangenheit, sowie mit weiter geschrittenen, aber aus seinem Schooße entsproßten socialpolitischen Systemen der Gegenwart, das Rundschreiben vom 8. December 1864 ein Leitfaden geworden, und hinwiederum hoffen wir durch unsere historisch-kritischen Ergebnisse einigen Beitrag zum tieferen Verständniß dieses Rundschreibens zu liefern.

Zunächst haben wir uns die Aufgabe gestellt, den §. IV. des Syllabus [1] zu erläutern. Und zwar schien es uns am besten, sie in zwei

---

[1] „Socialismus, Communismus, geheime Gesellschaften, Bibelgesellschaften, clerical-liberale Gesellschaften. Diese verderbenbringenden Vereine werden oft, und zwar in den ernstesten Ausdrücken verworfen in der Encyclica Qui pluribus vom 9. November 1846; in der Allocution Quibus quantisque vom 20. April 1849; in der Encyclica Noscitis et Nobiscum vom 8. December 1849; in der Allocution Singulari quadam vom 9. December 1854; in der Encyclica Quanto conficiamur moerore vom 10. August 1863."

Theile zu zerfällen, in einen historischen und in einen kritischen. Im ersteren suchen wir die in diesem Paragraphen genannten, sachlich sonst mehrfach berührten Systeme und Bestrebungen darzustellen und zwar so, daß dadurch ein Urtheil über ihren Zusammenhang unter sich und ihre Stellung zur Kirche, welche sie verdammt, ermöglicht wird; im zweiten wollen wir dann das Urtheil der Kirche durch kritische Untersuchungen beleuchten und rechtfertigen. Daß wir dem Ganzen die Darstellung des Liberalismus, welchen §. IV. nur am Schlusse, in den clerical-liberalen Gesellschaften berührt, voranschicken, wird der Gang der Untersuchung und ihr Ergebniß von selber rechtfertigen.

I. Historisches.

§. 1. Ueberblick.

1. Als die europäischen Mächte im zweiten Decennium unseres Jahrhunderts mit Waffengewalt den durch den Verlauf der französischen Revolution gestörten Frieden wieder hergestellt und die Bourbonen auf den Thron von Frankreich zurückgeführt hatten, entschlossen, durch eine solidarische Vereinigung der Monarchen unter der Aegide der hl. Allianz, diesen Frieden aufrecht zu halten: bildeten sich in den einzelnen Ländern, welche von der Revolutionsherrschaft erschüttert worden waren, theils aus den versprengten Resten der überwundenen Partei, theils aus den neu dazugekommenen Unzufriedenen, geheime Verbindungen aus, welche verschiedene politische Forderungen der zunächst vorangegangenen revolutionären Entwickelung aufrecht hielten und dieselben durch die Presse, bald auch durch bewaffnete Erhebungen in Spanien, Italien, Frankreich und Deutschland durchzusetzen suchten. Im Vordergrund stand das Dringen auf Repräsentativ-Verfassungen, in denen dem Volke ein grundgesetzlich bestimmter Antheil an der Gesetzgebung gesichert wäre; die sogenannte Gleichheit vor dem Gesetze, d. h. die Aufhebung der Standesvorrechte und der bürgerlichen Bevorzugung der Kirche oder eines bestimmten religiösen Bekenntnisses, wurde daneben als ein unentbehrlicher Bestandtheil der bürgerlichen Freiheit geltend gemacht. Gleichsam als ihre Waffen und Schutzmittel schlossen sich die Freiheit der Presse und die Freiheit der Vereine an. In Frankreich hatten die siegreichen Ver=

bündeten der Nation die Charte mit solchen politischen Formen verbürgt, und die Unzufriedenen bewachten jeden Schritt, durch den die monarchische Regierung ihre Autorität und die positiven Elemente zu verstärken suchte, mit eifersüchtigen Blicken, um daraus Stoff zu moralischen Anschuldigungen und den Zunder einer neuen Revolution zu gewinnen. Diese Partei in geheimen Bünden organisirt, öffentlich in der Presse und in den Volkskammern thätig, die 1830 in Frankreich eine Vertreibung der legitimen Dynastie und die Einsetzung des Bürgerkönigthumes mit Louis Philipp in's Werk setzte, nannte sich selber die liberale Partei, und dieser Name ist ihr geblieben. Ihre Gegner wurden bald Ultra's, bald Reactionäre, bald Servile, bald Conservative genannt [1]. Das ausgesprochene Ziel der liberalen Partei war ein politisches, die Verfassung des Staatsbürgerthums, wie man es neuerdings zu nennen pflegt im Gegensatz zu den Resten des mittelalterlich-christlichen Staates, insbesondere zu dessen Ständeverfassung sowie dem Königthum von Gottes Gnaden. Die Gleichheit vor dem Gesetze ohne Rücksicht auf Religion und Stand, und möglichste Betheiligung der Bürger an den Funktionen des Staatslebens bildete gleichsam die Lockspeise, durch welche die Liberalen aller Länder, namentlich die Besitzenden und Gebildeten, für ihre Fahne zu werben wußten.

2. Hiemit ist der gewöhnliche Liberalismus im Allgemeinen geschildert. Er will kein religiöses System sein, sondern setzt gerade darein einen Hauptunterscheidungspunkt seiner Partei, von der Religion in der Politik möglichst abzusehen. Er neigt sich zu den politischen Grundsätzen, die in der englischen und französischen Umwälzung obsiegten und die Monarchie zu Gunsten der Demokratie umänderten; aber er will sich von der Revolution als die politische, in gesetzlicher Weise vorangehende Reform unterschieden wissen, wie er im Einzelnen die constitutionelle Monarchie der demokratischen Regierungsform vorzieht. Er kämpft gegen

---

[1] Rotteck, allgemeine Geschichte. 9. Bd. 15. Ausgabe. Braunschweig 1844. S. 42. Vergl. das lehrreiche Werkchen des liberalen Superintendenten Tzschirner in Leipzig: Das Reactionssystem dargestellt und geprüft. Leipzig bei Fleischer. 1824. besonders S. 53 ff. Der Liberalismus ist diesem Schriftsteller das dritte Zeitalter der europäischen Menschheit, beginnend in der Mitte des 17. Jahrhunderts und mit dem Siege der Revolution in England (1688) begründet. Das erste Zeitalter nämlich ist ihm die Einführung des Christenthums, das zweite die Befestigung des Protestantismus. Alles dieses steht ihm zufolge als eine rein menschliche Entwickelung auf gleicher Stufe im Fortschreiten der Menschheit.

die überlieferten Gesellschaftsrechte höherer Stände, wo sie sich vorfinden, und die damit zusammenhängenden Einrichtungen in den Besitzverhältnissen, zu Gunsten der industriellen Beweglichkeit des Besitzes; aber er will das Eigenthum heilig geachtet wissen und ist gegen jene Parteien im höchsten Grade mißstimmt, welche in irgend welcher Weise diese Grundlage der bürgerlichen Gesellschaft zu verrücken suchen. Dieser Liberalismus unterscheidet sich mit andern Worten sehr bestimmt vom Protestantismus und Rationalismus, als religiösen Richtungen, welche direct gegen die katholische Kirche und das Christenthum gerichtet sind; nach dieser Seite stellen ihn vielmehr seine ersten Vertheidiger als eine politische Reform neben die kirchliche; ebenso aber weist er auf diesem Gebiete die Gemeinschaft mit der Demokratie und den socialistischen Systemen zurück, wie er den Männern des gewaltsamen Umsturzes gegenüber den Weg eines „gesetzlichen" Fortschritts beschreitet. Er ist in sofern das Bekenntniß der Mittelpartei, das sich aus dem Kampfe zwischen den verschiedenen Ständen, zwischen den Anhängern der neuen Ideen, die in der französischen Revolution zur Herrschaft gelangten, und denen des zuvor Bestehenden herausgebildet hat. Da die Mitte in politischen Dingen eine große Berechtigung hat und im Allgemeinen der Weg der Klugheit, also etwas sittlich Gutes zu sein scheint, so läßt sich die Thatsache erklären, wie es kommen konnte, daß in verschiedenen Ländern, namentlich in Frankreich und Belgien, Katholiken, hervorragend durch ihren Geist und ihre sociale Stellung, mit den politischen Grundsätzen dieser Liberalen die Pflichten gegen die katholische Kirche sehr wohl vereinbar hielten, ja aus ihnen große Vortheile für die Sache des Glaubens hofften. In stürmischer Weise machte sich dieses Parteiergreifen geltend nach der Julirevolution. Es war der demokratische Grundton des Liberalismus, der aus dem „Avenir" hervorklang, wenn die Männer desselben von einer „radikalen" „Identität der Interessen der Völker und des Katholicismus" und von der Furcht des „Despotismus" sprachen, welcher mehr „den katholischen als den widerchristlichen Liberalismus fürchtet." „Das Recht des Fürsten ist nur unter der Bedingung ein göttliches, daß er das göttliche Recht der Völker an die Freiheit schützt." „Die Concordate haben den Regierungen den Vorwand gegeben, die Kirche in den Bereich der Administration zu versetzen. Das Volk sieht aber allenthalben in der Administration und in Allem, was damit zusammenhängt, einen Feind. So erntet die Kirche für die Leiden, welche sie durch Unterdrückung von Seiten des Staates duldet, die Abneigung der Völker."

Ein Volk, dem die Staatsadministration als Feind erscheint, ist gewiß nicht das christliche, sondern eben das moderne Volk. Auch der socialistische Beigeschmack, der Gegensatz zu den Besitzenden, fehlt hier nicht und ist noch mehr ausgeprägt, wenn im Namen der Freiheit vorgeschlagen wird, daß die Kirche auf alle Unterstützung vom Staate, auf Besoldungen ganz und gar verzichte und wieder arm werde wie zu den Zeiten des Urchristenthums, um dafür Freiheit von aller Beengung durch den Staat zu erlangen[1]. Die Kirche hat durch das entschiedene Dazwischentreten Papst Gregors XVI. Licht in diese unklare Mischung gebracht[2] und den liberalen Grundsatz der Trennung von Staat und Kirche, der von La Mennais zu Gunsten der kirchlichen Freiheit geltend gemacht werden wollte, verworfen. Die gemäßigten Anhänger des „Freiwilligkeitsprincips"[3], die eigentlichen liberalen Katholiken, haben sich dem Urtheile im Gegensatz von La Mennais gefügt, aber, wie bekannt, anderseits die da und dort thatsächlich bestehenden liberalen Einrichtungen bis zu einem gewissen Grade vertheidigt und in kirchlichen und Schulfragen gegen ihre politischen Gesinnungsgenossen zu Gunsten der Kirche benützt.

3. Brachten die Letztern außer dieser ihrer durch den katholischen Glauben bedingten besonderen Stellung, die sich zum Liberalismus äußerlich verhält, diesem nichts bei, und müssen wir sie deßhalb hier ganz außer Acht lassen, so ist dagegen eine andere Fraction, welche gleichfalls diesen Namen führt, wohl zu unterscheiden. Wir meinen die kirchlichen Liberalen, deren Wurzeln über die Zeit der Glaubensspaltung zurückgreifen, die in verschiedenen Forderungen auf Kirchenreform in den Synoden von Basel und Konstanz, auch in Trienter Concil sich bemerklich machten, und später in den besonderen Systemen des Gallicanismus, Febronianismus und Josephinismus abgezweigt haben[4]. Man findet in diesen Richtungen das gemeinsame Bestreben, die kirchliche Monarchie zu Gunsten der Aristokratie, ja selbst der Demokratie aufzuheben, oder doch abzuschwächen, die Einheit der Kirche in demselben Maße zu lockern und neben der höheren Geltung des Nationalen in der Kirche auch der individuellen Freiheit wie auf dem Boden der Disciplin, so auf dem der kirchlichen

---

[1] Bei Dr. Scharpff. Vorlesungen über die Parteien in Frankreich. S. 128 ff.
[2] Encyclica vom 15. Aug. 1832.
[3] Histor.-pol. Blätter. 1865. 3. Heft. S. 215 ff.
[4] Vgl. Dr. Buß, Urkundliche Geschichte des National- und Territorialkirchenthums ꝛc. Hurter. Schaffhausen. — Fl. Rieß, Der selige Petrus Canisius. Herder. Freiburg. S. 308 ff.

Lehre und Uebung einen größern Spielraum zu erringen. Das vertrug sich sehr wohl mit absolutistischen Tendenzen auf dem politischen Gebiet, deßgleichen mit staatskirchlichen Zwangsmaßregeln, denen der Eingangs gezeichnete heutige Liberalismus an sich abhold ist. Diese beiden Formen, der kirchliche Liberalismus früherer Jahrhunderte, und der politische der Gegenwart haben also sehr markirte Verschiedenheiten; sie haben sich neben einander oder vielmehr nacheinander in katholischen Ländern entwickelt, wie die Geschichte Frankreichs, der pyrenäischen Halbinsel, der südamerikanischen Republiken und die neuere der katholischen Staaten in Deutschland und Italien zur Genüge beweisen. Demungeachtet läßt sich eine innere Verwandtschaft der beiden Formen, trotz ihres angegebenen Gegensatzes, nicht verkennen, weßhalb die eine wie die andere, wo sie zur Herrschaft gelangt, diesen Gegenpart zur Ergänzung herbeiruft, so daß man, im Hinblick auf die Geschichte, sagen kann, die Vorliebe für die kirchliche Reform im demokratischen Sinne schlägt zur politischen aus, und umgekehrt, die politische sucht die kirchliche herbeizuführen.

4. Die dritte Form des Liberalismus gehört einer in kirchlichen Dingen weiter fortgeschrittenen Bewegung an und ist deßhalb vorherrschend in protestantischen Ländern ausgebildet und von da auf katholische übertragen und dann erst mit dem Liberalismus verschmolzen worden. Dieser Vorgang läßt sich aus der von deutschen Philosophen öfters wiederholten Ansicht ableiten: vergeblich werden die katholischen Länder sich um bürgerliche Freiheit bemühen, so lange sie noch der Kirche eine Geltung im öffentlichen Leben zugestehen [1]. Oder vielmehr noch ehrlicher ausgedrückt: das Christenthum, ja die Religion überhaupt, ist mit der Freiheit, wie sie der heutige Liberalismus anstrebt, nicht vereinbar. Diese Freiheit ist eine Errungenschaft des Unglaubens, des Deismus nämlich und des Atheismus, beziehungsweise Materialismus, der Aufklärungsperiode; es ist billig, daß diese Vaterschaft in ihre Rechte eingesetzt werde. Der auf seinen historischen und philosophischen Grund zurückgehende, der volle, ungläubige Liberalismus, entsteht so. An ihm haben wir das Bekennt-

---

[1] Diese Ansicht spricht namentlich Hegel an vielen Stellen seiner Schriften aus. Beispielsweise verweisen wir auf die betreffenden Schlußpartien seiner Philosophie der Geschichte. Die Hegel'sche Linke, deren Führer sich offen mit den Revolutionären katholischer Länder verbanden, hat in diesem Sinne auf das katholische Ausland gewirkt und zwar, wie das Hegel'sche Kauderwelsch französischer Socialisten (z. B. Proudhon's ꝛc.) beweist, nicht ohne Erfolg.

niß der selbstbewußten Freimaurer und der geheimen Gesellschaften überhaupt, mit dem sich ebenso wohl eine liberale als demokratische, beziehungsweise communistische Richtung in der Politik verträgt. Jene Ungläubigen also, die wir in den Solidaires und ähnlichen Vereinen kennen [1], wenn sie in politischen Dingen nicht erklärte Demokraten, in ökonomischen Socialisten sind, sondern die „gesetzliche Reform" vertheidigen im Unterschiede von der Revolution, können noch als Liberale bezeichnet werden, legen sich auch selber diesen Namen bei. Auf dieser Seite halten denn auch die in neuester Zeit vielgenannten liberalen Oekonomisten oder jene mit dem erklärten Freimaurerthum identische Fraction der Bewegungspartei, welche zwar die Rechte des Eigenthums gegen Socialisten und Communisten um jeden Preis vertheidigt haben will, sonst aber, in Hinsicht auf Religion, Recht und sittliche Grundsätze nicht allein zu jedem Zugeständniß geneigt ist, sondern das Bekenntniß des tiefst gesunkenen atheistischen Materialismus offen befördert. Auch sie stellen, genauer besehen, nur eine besondere Seite des Liberalismus dar, der eben genannten entwickeltsten Form nämlich, und es bleiben uns somit drei Hauptrichtungen: die politisch Liberalen, gegen die Religion indifferenten; die kirchlich Liberalen innerhalb der katholischen Kirche und die positiv ungläubigen Liberalen, sie Alle mit mehrfachen Nüancirungen und Unterabtheilungen, sei es in geheimen Gesellschaften oder außer denselben.

5. Es fragt sich nunmehr, ob diese drei Hauptrichtungen nur den Namen gemeinsam haben oder auch das Wesen, und wenn dieses, welches die Unterscheidungsmerkmale sind für die verschiedenen Erscheinungsformen des Liberalismus? Diese Frage muß aber bald auf andere, anerkanntermaßen in Verwandtschaft stehende Richtungen, obwohl dieselben im Namen sich unterscheiden, ausgedehnt werden. Der Liberalismus protestirt nämlich einerseits gegen Demokratie, Socialismus und Communismus; anderseits gegen die Radikalen oder die Männer der That, von denen er sich als gesetzliche Reformpartei gesondert wissen will. Zum Theil hinter ihm liegen die kirchlich-religiösen Parteien, sofern er sich gleichgültig gegen sie verhält, oder die Religion positiv als eine abgethane Sache behandelt; sie werden aber auch hinwieder hereingezogen durch

---

[1] Neuestens ist ein solcher Giftschwamm, wie die Civiltà jüngst mittheilte, auch im nördlichen Italien aufgeschossen. Man muß sich wundern, daß es noch nicht früher geschehen ist.

den kirchlichen Liberalismus, der innerhalb dieser nicht politischen Sphäre seine Stellung hat. Somit muß auch die kirchliche und sociale Parteigliederung in ihrer Beziehung zum Liberalismus in's Auge gefaßt werden. Nehmen wir nun an, der Letztere sei eine in Stocken gerathene Bewegung, so müßte sich seine Stellung zu den andern Parteien klar ergeben, falls dieselben an dieser Bewegung gleichfalls ihr inneres Parteileben hätten. Dann dürften nur die Gesetze der Bewegung und ihrer verschiedenen Stadien festgestellt werden, um diese Proteusgestalt in feste Begriffe zu fassen.

6. So ist es aber nun in der That; nach dem allgemeinen Eingeständniß der Liberalen gehören sie zur großen Partei des Fortschritts, Fortschritt aber ist Bewegung, und zwar im Sinne jener Partei rücksichtslose Bewegung nach der Strömung des Zeitgeistes. Dieselbe macht sich gewissermaßen zum Agens in der pantheistisch gedachten Entwickelung des Menschengeschlechtes, welche mit Naturnothwendigkeit und darum auch mit höchster Berechtigung die hergebrachten Formen zertrümmere, um die Menschheit auf eine höhere Stufe ihres Daseins zu erheben. Hören wir sie über Menschheit und Geschichte philosophiren, so scheidet sich diese in zwei große Heerlager, in dem einen versteht man die Zeit und was sie Neues an's Licht bringt, im andern versteht man sie nicht und stemmt sich, sei es aus Unverstand oder Bosheit, den liberalen Ideen entgegen. Hier ist Reaction und Finsterniß, dort Licht und Bewegung [1]. Die Sache ist also einfach so: wo im öffentlichen Leben jene rücksichtslose Bewegung von dem Bestehenden weg zu etwas Neuem ist, da wird sich auch der Liberalismus irgendwie eingefunden haben. Wir sagen: im öffentlichen Leben, denn der Liberalismus ist das Bekenntniß von Parteien, welche größere Gemeinschaften voraussetzen, und hat in seinen Grundsätzen das gesellschaftliche Leben zum Gegenstande. Dieses Leben ist aber mehrfach gegliedert; und es lassen sich, nachdem die Menschen sich dem Mutterschooße der Familie entzogen haben und mündig geworden sind, drei Gesellschaften unterscheiden: die allgemein menschliche, in welcher gleichsam der Rahmen gegeben ist für engere Vereinigungen (nach den Neueren die Gesellschaft im engeren Sinne); der Staat und die Kirche. Die Natur leitet uns an, zunächst uns als Mitglieder jenes ersten Vereins zu erkennen, in welchem Rechte und Pflichten über Mein und Dein ihr Band zu schlingen suchen, die wechselseitige Liebe aber ein menschen-

---

[1] Tschirner, a. a. O.

würdiges sittliches Leben zu wirken trachtet. Hier walten moralische Mächte oder Gesetze, bezeugt in den Sitten der Völker, die sich anlehnend an die Familie, gleichsam den fruchtbaren Boden bilden, den die erziehende Hand der Vorsehung durch ihre vollkommeneren Vereinigungen, den Staat für das Irdische, die Kirche für die überirdische Bestimmung, bebaut und verwerthet. In diesem socialen Leben und seinen Gebilden, welche durch das Herkommen, durch verschiedene Privatbeziehungen und bestimmte Auctoritäten zusammengehalten und gegliedert werden, müssen wir nun den Gegenstand der liberalen Parteibestrebungen und Systeme aufsuchen. Dem eigenen Bekenntnisse nach gehört der gewöhnliche Liberalismus dem politischen Leben an; er will dieses vor Allem unabhängig wissen von jeder Fessel und Rücksicht, welche durch das Herkommen oder das Gesetz geheiligt sein mögen, und in seinem Kreise dem Individuum möglichste Freiheit und Antheil an der obersten Gewalt sichern. Einen besondern Gegensatz bildet er hierin zu den aus den Zeiten des Mittelalters überlieferten Formen des sogenannten Feudalstaates oder vielmehr zu seinen Trümmern und zur absoluten Monarchie der beiden vorletzten Jahrhunderte, die ihm hierin vorgearbeitet hat. Als das erste Mittel zur vollen Abwerfung der christlichen und halbchristlichen Monarchie erscheint ihm, nach den gewöhnlichen Angaben, die Lösung des Bandes, welches Staat und Kirche verknüpft [1]; das Ziel wird er also erreicht haben, wenn einerseits das Volk die oberste Gewalt in Händen hat, andererseits die Religion aus ihrer öffentlichen Geltung verdrängt ist. Nun hat aber manches Bestehende, das der Liberalismus beseitigen möchte, sowohl das positive Recht als die Gebote Gottes, die in der Religion vorgestellt sind, für sich. Der Liberalismus kann also nicht zum Ziele kommen, wenn er nicht dem eine andere, geistige Macht entgegenstellt. So wird er dazu getrieben, sich gegen das positive Recht auf ein höheres, natürliches Recht, das allezeit unveräußerlich sei, zu stützen, und die Religion seiner Rechtslehre entweder fügsam zu machen, oder sie zu beseitigen.

7. Aus dem Letzten erhellt, daß der Liberalismus in die Kirche eine ihm günstige revolutionäre Bewegung bringen, oder falls eine solche schon besteht, die ihm verwandten, gleichartigen Elemente verstärken und zum Siege bringen muß. In der That erhärtet sich dieses Gesetz nicht

---

[1] Man vergleiche über dieses liberale Axiom beispielsweise Schlosser's Weltgeschichte in ihren Bemerkungen über den Eingang des 19. Jahrhunderts.

allein in der englischen Revolution, die ein Sieg des fortgeschrittensten Protestantismus über katholische Elemente war, sondern auch in der französischen und ihrem Conterfei, der neueren italienischen Bewegung. Ja, für folgerichtige Denker muß wirklich nicht allein die kirchliche, sondern ebenso die übermenschliche göttliche Auctorität aus dem Geiste der Menschen verdrängt sein, bevor die Hauptlehre des heutigen Liberalismus, daß die von ihm im Staate angestrebte Freiheit und Gleichheit unveräußerliche Menschenrechte seien, den Rang eines Dogma oder des Dogma einnehmen kann. Ist der Liberalismus in seiner politischen Vollendung Demokratie, so ist er in seiner tiefern Begründung, oder im Rückgange auf seine Vordersätze Rationalismus, und zwar in der äußersten Consequenz. Die ungläubigen Liberalen haben also Recht: um ein vollkommener, selbstbewußter Liberaler im heutigen Sinne zu sein, um Freiheit und Gleichheit als Dogma zu vertheidigen, muß man mit der positiven Religion innerlich fertig geworden sein. Aber hinwieder behaupten die Demokraten gegen die Liberalen das Feld: nur die reine Demokratie ist folgerichtige Freiheits- und Gleichheitslehre.

8. Blicken wir jetzt zurück auf die zweite der oben bezeichneten Hauptrichtungen: unsere kirchlichen Liberalen, die Gallikaner und ihre Versippten. Sie waren vor dem 16. Jahrhundert Vorläufer des Protestantismus, einer socialen Bewegung auf dem Boden der Kirche, und haben nach seinem Auftreten sich den Grundsätzen desselben, wenigstens soweit sie die kirchliche Organisation betreffen, genähert. Das Treibende aber im folgerichtigen Protestantismus nach dieser Seite ist das demokratische Princip, daß alle Menschen Priester und Könige vor Gott sind, in einem unmittelbaren menschenfreien Verhältniß zu Gott stehen, und alle Aemter und Würden in der Kirche nicht von Oben, sondern von Unten, von der Gemeine, ausgehen. Der kirchliche Liberalismus bekennt sich nur halb zu diesem Princip, deßhalb ist der Protestantismus stärker als er, wie auch alle Vermittlungsversuche des ersteren zu Gunsten des letzteren ausgeschlagen sind. Alle Feinde des Papstthums, mögen sie welchen Rock immer tragen, sind insoweit Protestanten, und wenn sie in der Strömung Halt machen, heißt man sie liberale Katholiken, wie die Politiker der Gleichheitslehre, die sich der Demokratie zu erwehren suchen, politische Liberale genannt werden. Der Protestantismus aber ist nicht zufrieden, wie diese seine Vorläufer, mit der Lösung der kirchlichen Disciplin und der Zerstörung der geistlichen Monarchie, sondern er vollendet sich in der Beseitigung der Lehrauctorität, im doctrinalen Individualis-

mus, welcher sich von den politischen Machthabern für ihre jeweiligen höchsten Zwecke nach Belieben zu theologischen oder philosophischen Systemen formen läßt. Wo hört diese doctrinale Zersetzung auf? Die deutsche, wie zuvor die englische Philosophie, deren Ablagerung die französische Aufklärung ist, geben die Antwort: im naturalistischen Unglauben [1] und der vollständigen Autonomie der individuellen Vernunft, d. h. an dem Punkte, wo der Liberalismus das Individuum haben muß, um frei mit ihm gegen die durch Auctorität gebundene Gesellschaft zu operiren. Der Liberalismus wird darum, wo er in katholischen Ländern ansetzt, nothgedrungen auf dem kirchlichen Gebiete diesen Individualismus und zwar nach den Regeln der Klugheit in dem Stadium begünstigen, in welchem er eben nach Zeit und Umständen möglich ist. Die neuesten Spottgeburten liberal=klerikaler Emancipationsgesellschaften in Italien und ihnen verwandte Erscheinungen: der constitutionelle Klerus im revolutionirten Gallien und deutsche Aufklärungsvereine am Anfange unseres Jahrhunderts, bestätigen das Gesagte zur Genüge.

9. Somit finden wir zwei weitere Glieder für die in Rede stehende Bewegung. Der kirchliche Liberalismus ist beginnender, der naturalistische Unglaube mit der „unendlichen" Freiheit des Individuums vollendeter Protestantismus. Die Bewegung mit ihrem treibenden Princip, der allgemeinen Freiheit und Gleichheit, setzt in der Kirche als erster Liberalismus an, schreitet zur kirchlichen Umwälzung im Protestantismus und vollendet sich in den philosophischen Independenten oder Freidenkern. Der Staat wurde alsbald mitergriffen, er wehrte sich da und dort mit Glück; wo er erlag, treffen wir im ersten Stadium den politischen Liberalismus, im weitern die reine Demokratie, den politischen Individualismus. Setzt sich nun die also begonnene Bewegung noch weiter fort, noch über den Staat hinaus? Unser Ueberblick hat sie zuoberst in der Kirche beginnen und hier bei den englischen Freidenkern und französischen Encyclopädisten endigen lassen. Bevor sie zu Ende kam, hat sie schon ihren Ansatz zur politischen Reformation gemacht; es ist die Geburtsstunde der neuen Zeit, der Anbruch der Revolutionsperiode, das erste Werden des Liberalismus (im engern Sinne). Wird die Bewegung sich in der reinen Demokratie erschöpfen, oder auch hier, bevor sie vollendet, einen neuen Ansatz nehmen? Das Letztere ist geschehen, und so sind die communistischen Parteien

---

[1] Die englischen Freidenker und die französischen Encyclopädisten werden von unsern deutschen Philosophen als folgerichtige vollendete Protestanten verherrlicht.

und Systeme der Neuzeit an's Tageslicht getreten. Sie sind die Gleichheitstheorie, angewandt auf die Bande der allgemein menschlichen Gesellschaft, auf das natürliche Recht über Mein und Dein, über die Unverletzlichkeit der Person, über die Heiligkeit der Ehe. Der Liberalismus hat dieser Bewegung nachweisbar den Anstoß gegeben in den Proscriptionen des Adels, der Geistlichkeit und der Vogelfreiheit für kirchliches Eigenthum, zu der er sich ungescheut bekannte. Aber er stemmt sich gegen diese Bewegung, weil sie seinen Bekennern den einzigen noch gebliebenen Boden unter den Füßen wegzieht, und wird deßhalb von den demokratischen Oekonomisten, den Männern der Gütertheilung, als ein engherziges, egoistisches System, das am Geldsacke kleben bleibe, bekämpft.

10. So sehen wir also, der Liberalismus im engeren Sinne ist die Mitte in der socialen Bewegung des Fortschritts, im weiteren Sinne umfaßt er die ganze Bewegung. Im engern Sinne ist er die Gleichheitslehre, die sich gegen ihre äußerste Consequenz im Communismus sträubt, und im großen Haufen seiner Bekenner auch nicht wagt, die letzten Vordersätze, von denen sein Dogma gestützt ist, den Naturalismus, offen anzuerkennen. Im weiteren Sinne will er eine radikale Gleichheit dadurch herstellen, daß er das Individuum von allen Banden der Auctorität befreit, mag diese von Gott oder den Menschen kommen, in der Sitte oder dem Gesetze sich ausprägen. Der Liberalismus ist historisch zuerst Kampf gegen das Papstthum, ein Kampf, der sich im Naturalismus vollendet; in seinem letzten Stadium aber Emancipation „vom Geldsack". Was die Natur auswirkt, um die Menschen unter sich zu einen, was der Glaube wieder gebracht und veredelt hat an der Natur, indem er durch die Führung Christi die Verbindung der Einzelnen wie der Gesellschaft mit Gott sicher gestellt hat, all' das geht in dem Auflösungsprocesse, der in der Kirche beginnt, für Alle, die sich von ihm ergreifen lassen, stückweise verloren. Das Verderben beginnt aber in der obersten Ordnung und sickert durch bis auf den Boden. Auf allen Stufen verbirgt er, was er zerstört, durch die Reste, die er noch stehen läßt am großen Socialgebäude, und verheißt Glück und Wohlstand von der Zerstörung. Hört man ihn, so vertheidigt er die allgemeine Menschenliebe als Communismus, nachdem er die Bedingungen der Menschenwürde zerstört hat; das Naturrecht im Liberalismus, nachdem er dem bestehenden natürlichen Recht die Stütze der Auctorität entzogen hat; das Wort Gottes, an dessen Stelle er eine im 16. Jahrhundert entstandene menschliche Uebung und Auslegung gesetzt hat. Eine der merk-

würdigsten Erscheinungen in diesem Processe bleibt eben das, daß in jedem Stadium das, was vernichtet werden soll, in einer eigenen Ueberschrift den Menschen verheißen wird, so daß man versucht ist, eine außermenschliche, mit den Bethörten ihr Spiel treibende Namengebung zu vermuthen. Wo z. B. die letzten Bande der Socialität gelöst werden, beginnt der Socialismus, und wenn dem Einzelnen Nichts mehr bleiben soll, als Vereinsamung, Elend und Armuth, das System der Gütergemeinschaft. Die allgemeine Gleichheit und Freiheit wird von geheimen Clubs, die alles Rechtsleben unmöglich machen, besorgt. Die Volksherrschaft tritt ein, wenn ein Revolutionstribunal errichtet wird, das mit absoluter Willkür alle Volksrechte beseitigt; der Liberalismus ist freigebig gegen sich selbst und richtet Jeden, der nicht zur Sippe gehört; endlich die Reformation aus dem Glauben allein sorgt dafür, daß eine Verbesserung aus dem Glauben unmöglich werde, indem sie in ihrer Entwickelung den Glauben selber sachte bei Seite schiebt. Das ist der Liberalismus im weitern Sinne und seine Verzweigung. Es ist ein Proceß der Auflösung der europäischen Menschheit, der in katholischen Ländern sich voller entfaltet, weil er mehr Stadien zu durchlaufen, größeren Kraftaufwand zu machen hat. Darum zeigt er uns in Italien in nächster Nähe vom Papstthum alle seine Regionen, wie auch die französische Revolution einen viel tieferen Einblick in diesen socialen Leichenstoff, genannt allgemeine Freiheit und Gleichheit, gewährt, als die englische. Unsere historische Skizze wird deßhalb das Wesen des Liberalismus an der zweiten Revolutionsgeschichte hauptsächlich zu veranschaulichen suchen [1], um so die theologische Würdigung dieser tödtlichen Krankheit vorzubereiten.

---

[1] Gute Dienste leistete uns hiebei in Beziehung auf die Actenauszüge P. J. Buchez et P. t. Roux, Histoire parlementaire de la révolution française ou journal des assemblées nationales depuis 1789 jusqu'en 1815. Paris. Paulin. 1838. 40 Bände. Unter den deutschen Bearbeitungen aber: L. Steins größeres Werk: Geschichte der socialen Bewegung in Frankreich von 1789 bis auf unsere Tage. I—III. Leipzig 1851. Wenn der ebengenannte Verfasser, der sich eingestandenermaßen auf das Kirchliche nicht versteht und gegen die Ultramontanen voll protestantischer Befangenheit zu sein scheint, durch seinen Scharfsinn dahin geführt wird, den bestehenden Staat als Function des gesellschaftlichen Lebens zu behandeln, und deßhalb folgerichtig das liberale Dogma von der Volkssouveränität unerbittlich zu verurtheilen: so dürfte er nur das Naturrecht der großen katholischen Theologen, die auf Aristoteles weiter gebaut haben, einem genaueren Studium unterziehen, um zu erkennen, daß er mit dieser Wahrheit, deren selbstständige Erkennung wir ihm nicht

§. 2. Die erste Bekenntnißschrift des heutigen Liberalismus.

11. Bei dem ersten Auftreten des Liberalismus in unserm Jahrhundert, nach den Kriegsstürmen, welche die Revolution über Europa heraufgeführt, machte sich mehr eine schüchterne als offene Hinneigung zu den Grundsätzen von 1789 bemerklich; der Sieg der monarchischen Ordnung wirkte hiezu mit. Aber das hat sich allmählig geändert; nicht bloß jene Grundsätze, sondern auch die ihnen entsprechenden Erschütterungen sind sozusagen endemisch in Europa geworden. Krankheiten in diesem Stadium verlieren, wie Typhus und Cholera beweisen, das Furchtbare und Erschreckende ihres ersten Auftretens, und man gewöhnt sich zuletzt an sie, als an etwas Alltägliches. So ist es mit der Kirchentrennung ergangen, so mit der politischen Reformation des vorigen Jahrhunderts. Und am Ende wird man auch das letzte Stadium, wenn Gott nicht dazwischen tritt, die Reformation von Familie und Eigenthum, hinzunehmen sich gewöhnen.

12. Wie man bei der kirchlichen Reformation die Urkirche, das Urchristenthum herstellen wollte, gegenüber der „entarteten" Kirche, so geht der Liberalismus auf den „Naturzustand" hinaus; es ist die Menschheit in ihrer ursprünglichen Natürlichkeit, zu welcher Rousseau nach dem Vorbilde der englischen Staatsphilosophen zurückkehren wollte. Die Urkirche in ihrer apostolischen Einfachheit, in ihrer so ganz himmlischen Begeisterung, in ihrer Bereitwilligkeit jeden Augenblick alle irdischen Güter zum Zeugniß ihres Glaubens, zur Bewährung ihrer Liebe hinzugeben, ist etwas Hohes, Erhebendes und den christlichen Sinn Aufrichtendes. Man kann nicht oft genug darauf zurückkommen, um sich der kalten

---

bestreiten wollen, den sogenannten ultramontanen Theologen näher steht, als er selber vermuthet. „Wehe denen", sagt Herr Stein (1. 96), „die mit der Volkssouveränetät ein Princip der Verfassung zu geben glauben. Sie wollen, daß ein Widerspruch Ordnung, und daß Gegensätze eine Einheit seien." Das Wahre ist die Souveränetät der Gesellschaft, die eben als ein System von Ueber- und Unterordnung, Selbständigkeit und Unabhängigkeit gegliedert ist. Auch nach den Scholastikern ist die Souveränetät der Gesellschaft von der Natur, d. h. dem natürlichen Willen Gottes übergeben, und die Demokratie die roheste, unvollkommenste Form. — Für den tieferen Zusammenhang mit den Encyclopädisten, die indessen kein nennenswerther Historiker bestreiten wird, gibt Barruel Mémoires pour servir à l'histoire du Jacobinisme. Hambourg. Fauche. 1800 viel Aufschluß. Bezüglich der Revolution Italiens blieb uns die Civiltà Hauptquelle. Auf eine Sammlung von Actenstücken über die Geheimbünde kommen wir weiter unten zurück.

Alltäglichkeit zu entwinden. Das also ist löblich. Aber etwas Anderes, geradezu Widersinn ist es, diese Urkirche heute als sociales Gebäude herstellen wollen; das ist gerade, als ob man versuchte, im Mannesalter sich der Kinderschuhe zu bedienen, wie man den Reformatoren gesagt hat. Hiebei ist noch vorausgesetzt, daß man es ernst nehme, und nicht eigene Reformprojecte für urkirchlich ausgebe, Projecte, die vielleicht das gerade Gegentheil von dem bewirkten, was wir in der Urkirche bewundern. Das müssen wir auch im Auge behalten, um den Naturzustand zu verstehen, von dem die ersten Liberalen ausgehen. Sie waren Kinder einer corrupten Zeit und konnten derselben die Quelle der Corruption, eine unbändige, ungezügelte Concupiscenz, mit Jugendfrische und Naivetät ausgemalt, als menschlichen Naturzustand durch ungläubige Philosophen vorspiegeln! In diesem Naturzustand überlassen sich Alle gleichsehr ihren Begierden und ihrem Eigenwillen, und weil ihn die Phantasie geschaffen hat, ist Alles in Fülle vorhanden, was in Wahrheit die Frucht saurer Anstrengung und Arbeit ist: sowohl die Güter der Erde, welche die leiblichen Bedürfnisse befriedigen, als die moralischen, welche ein freundliches Leben unter den Menschen ermöglichen. Das Letztere wenigstens nehmen jene Philosophen an, welche mit Rousseau die Haupturheber der liberalen Bewegung in Frankreich geworden sind.

13. Während nämlich Hobbes den Zustand der Menschheit auf jener fingirten ersten Stufe sich so ungesellig und roh als möglich, als einen Krieg Aller gegen Alle vorstellt, weil die Menschen aus Habsucht sich ein Recht auf Alles zuschreiben [1], und Jeder davon Gebrauch macht, soweit die Gewalt reicht, weßhalb die Vernunft lehrt, diesem Zustande zu entrinnen und sich in die bürgerliche Gesellschaft zu flüchten: ist Rousseau im Gegentheil bemüht, seinen Naturzustand so reizend als möglich zu schildern, ihn bei aller Rohheit, die er annimmt, als ein verlorenes Paradies den Menschen vorzustellen und als Etwas, dem man sich annähern müsse, um dem durch die gesellschaftliche Bildung jeder Art bewirkten Verderbniß zu entgehen. In dem von ihm beschriebenen Naturzustand erscheint der Mensch ohne Begriffe von Recht und Unrecht, von Gott, von Pflichten gegen den Nächsten, ohne Eigenthum, ohne Familie, kurz als ein Wilder, der sich in den Urwäldern umhertreibt, einzig damit beschäftigt, animalischen Bedürfnissen zu genügen, und der mit seiner glücklicheren

---

[1] De cive I. cp. 10 sqq.

Organisation von den Thieren so viel lernt, um besser als sie zum Ziele zu gelangen. Was ihn jedoch im Naturzustand von den Thieren unterscheidet, ist seine Freiheit, den Antrieben von innen und außen zu folgen oder zu widerstehen, und das Vermögen, sich zu vervollkommnen, das ihn freilich allmählig unter dem Zusammentreffen äußerer Zustände aus dem so glücklichen Stande der Natur und der Unschuld oder des Instinktes herausführt zu dem des bürgerlichen Lebens mit seinen Gesetzen, Tugenden und Lastern; endlich ein gewisses Mitgefühl mit den Leiden anderer Menschen, das die Grundlage seiner socialen Tugenden ist und ihm von der Natur zur Erhaltung des Geschlechtes gegeben wurde [1].

Rousseau gibt hiernach Hobbes nicht zu, daß der Mensch im Naturzustand natürlich böse sei, daß er sich ein Recht auf Alles beilege, daß ein unerträglicher Krieg Aller gegen Alle entstehe; nach ihm ist vielmehr jener Stand derjenige, wo am besten für die Erhaltung des Geschlechtes gesorgt ist [2]: eine Ansicht, deren feindselige Richtung gegen die bestehende Gesellschaft, gegen den Staat wie die Kirche auf platter Hand liegt und zum Ueberflusse von Rousseau selber in seinem „Emil" jedem Einsichtigen verständlich gemacht ist. Ihre Anwendung auf das durch Gesetz und Herkommen im Staate Bestehende mußte nothwendig revolutionär wirken und der Versuch einer Rückkehr zum Naturzustande, dem angeblichen natürlichen Ausgangspunkte der Gesellschaft, soweit Rousseau eine solche für möglich hält, die ganze bestehende gesellschaftliche Ordnung auf den Kopf stellen. Durch diese falsche Richtung ist auch Rousseau der Vater der französischen Revolution oder, was dasselbe ist, der praktisch angewendeten Gleichheitslehre geworden.

14. Im Naturzustande sind nämlich die Menschen von einander völlig unabhängig, nicht einmal das Band der Ehe, oder der Eltern- und Kinderliebe einigt sie; sie bedürfen einander nicht [3]. Darauf beruht ihre natürliche Freiheit und Gleichheit, oder daß der Stärkere nicht dem Schwächeren das Joch seines Willens auflegen kann. Mit der Ausbildung der Vernunft und dem Eintritt des geselligen Lebens begann die Verschlechterung des menschlichen Geschlechtes, die es im Verlaufe der Zeit bis zu dem Verfalle seiner jetzigen Lage herabgebracht hat [4], sie ist bezeichnet durch die Einführung des Eigenthums [5]. Alles das:

---

[1] Discours sur l'origine de l'inégalité. Oeuvres compl. Paris 1788—1793. VII. p. 49 ff. p. 67 ff. p. 81 ff. p. 93. p. 97 ff.
[2] l. c. p. 94 ff.   [3] l. c. p. 113.   [4] l. c. p. 114.   [5] l. c. p. 116.

Familie, Eigenthum, Rechte verdankt seinen Ursprung, soweit er moralisch ist, der freien Willkür [1] und wurde befestigt durch die Gewohnheit. So ist es auch mit dem Staate ergangen; weil die Selbsthülfe und die dem Naturzustand eigene Güte nicht mehr für das Zusammenleben ausreichte, als die Hab- und Herrschsucht auskam und die Arbeit nöthig wurde, mußte der so glückliche Mittelstand zwischen Natur und Geselligkeit, Freiheit und Sklaverei verlassen werden [2]. Das Recht des Stärkeren, aus welchem alles Eigenthum hervorging, führte zu Kriegen, und um sie zu beendigen und ein Recht auf das Eigenthum zu erlangen, das bis dahin nur thatsächlicher Besitz war, weil jeder Rechtstitel fehlt, so lange nicht Alle einwilligen [3], machte der Besitzende einen Vorschlag, „so ausgesucht, wie er sonst nie einem menschlichen Verstande eingefallen ist: für seinen Vortheil nämlich die Kräfte eben derjenigen zu gebrauchen, die ihn angriffen, aus seinen Widersachern seine Beschützer zu machen, ihnen andere Grundsätze einzuflößen, ihnen andere Einrichtungen zu geben, die ihm ebenso günstig wären, als das natürliche Recht ihm zuwider wäre." So ist der Staat entstanden, seinem Wesen nach eine Einrichtung gegen die Natur, zum Schutze des Unterdrückers der natürlichen Rechte auf Freiheit und gleichen Besitz; aber so eingerichtet, daß die Unterdrückten kein Recht haben, sich über Unrecht zu beschweren. Jener wußte nämlich diesen die Vortheile eines solchen gesetzlichen Zu=

---

[1] l. c. p. 124 ff. Wenn Rousseau im Contrat social die Familie als eine natürliche Gesellschaft aufführt (l. c. 2), so versteht er das nicht im gewöhnlichen Sinne, daß sie ein Produkt der Natur sei, sondern daß sie die natürliche Unabhängigkeit der Individuen achte. Dabei abstrahirt er von der Ehe und faßt nur die Kinder in ihrem Verhältnisse zur väterlichen Gewalt in's Auge. Ihr Zusammenhalt beruht auf gemeinsamem Vortheil.

[2] l. c. p. 131 ff.

[3] l. c. p. 142 ff. Nicht allein von der ersten Occupation, sondern auch von dem Erwerb durch Arbeit nimmt Rousseau an, daß er eine Gewaltthat sei, nicht an sich einen rechtmäßigen Besitz begründe. p. 143: „Selbst Diejenigen, welche einzig die Arbeit bereichert hatte, konnten in keiner Weise bessere Rechtstitel aufweisen, um darauf ihr Eigenthum zu gründen. Sie mochten wohl sagen: ich habe diese Mauer gebaut, ich habe diesen Boden durch meine Arbeit gewonnen. Aber wer hat euch denselben zugemessen, konnte man ihnen antworten, und worauf stützt ihr euren Anspruch, auf unsere Kosten für eine Arbeit bezahlt zu werden, die wir euch nicht aufgelegt haben? Wißt ihr nicht, daß eine Menge eurer Brüder zu Grunde geht oder doch Mangel leidet, weil ihr zu viel habt, und daß ihr einer ausdrücklichen und einmüthigen Zustimmung des Menschengeschlechtes bedürftet, um euch von dem gemeinsamen Vermögen als euren Antheil Alles auszuscheiden, was über das Euere ging." Offenbar ein Princip, das bereits den Communismus in sich enthält.

standes unter einer obersten Gewalt so einleuchtend vorzustellen, daß die Leichtgläubigen in ihrer Einfalt einwilligten, in der Meinung dadurch ihre Freiheit sicher zu stellen. „So beschaffen ist der Ursprung der Gesellschaft und der Gesetze, welche neue Fallstricke dem Schwachen bereiteten und neue Kräfte dem Reichen gaben, die natürliche Freiheit aber unwiederbringlich zerstörten, ein für allemal das Gesetz des Eigenthums und der Ungleichheit festsetzten, aus einer geschickten Usurpation ein unwiederrufliches Recht erzeugten und zum Vortheile einiger Ehrgeizigen fortan das ganze Menschengeschlecht der Arbeit, der Sklaverei und dem Elende überantworteten" [1]. So verschwand das Naturrecht aus der menschlichen Gesellschaft, verdrängt durch das bürgerliche (positive) Recht und zog sich in das Verhältniß der Staaten unter einander zurück; das Mitleiden aber mit dem Loose des Menschen, der immer mehr an Kraft verloren hat, findet sich nur noch in wenigen großen Seelen, die, ihrem Schöpfer gleich, die eingebildete Scheidewand der Völker durchbrechen und den Menschen als solchen mit ihrer kosmopolitischen Liebe umfangen.

15. Wie immer aber, fährt das System fort, historisch die Verfassung der Staaten sich entwickelt haben mag, ihr oberster Endzweck bleibt die Vertheidigung der natürlichen Freiheit und Gleichheit. Darum kann die Monarchie, wie Hobbes wollte, keineswegs als die Grundform, die dem bürgerlichen Vertrag entspricht, angesehen werden, sondern einzig die Volksherrschaft. „In der That, wozu anders haben sie sich Obere gegeben, als um durch sie gegen die Unterdrückung sich zu vertheidigen, ihre Güter zu schützen, besonders aber ihre Freiheit und ihr Leben, welche so zu sagen die Grundelemente ihres Wesens ausmachen?" „Wäre es nicht Widersinn gewesen, damit zu beginnen, daß man sich in die Hände seines Oberhauptes der einzigen Gegenstände beraube, zu deren Erhaltung man seiner Hülfe bedarf?" „Es ist also unwidersprechlich", schließt Rousseau, „und das ist der oberste Grundsatz alles öffentlichen Rechtes, daß die Völker sich Häupter gegeben haben, um ihre Freiheit zu vertheidigen, nicht um sie zu knechten." Rousseau will also mittelst der Volksherrschaft so viel als möglich von dem retten, was durch die oberste Gewalt, nach ihm gewissermaßen ein nothwendiges Uebel, verloren gegangen ist: nämlich die natürliche Freiheit und Gleichheit. Alle haben Antheil an der obersten Gewalt, also auch an

---

[1] l. c. p. 146.

der absoluten Freiheit, mögen sie auch als Unterthanen derselben alle natürliche Freiheit und alles Recht verloren haben. Sie bleiben im Stande der Natur, soweit sie regieren, mögen sie ihn auch verlieren, soweit sie gehorchen. Sie besitzen dort alles, hier gar kein Recht. Dieser simple Widerspruch, der die Revolution, die Parteiherrschaft, als ein Mittel zur natürlichen Freiheit zu gelangen, auf die Niemand verzichten kann, legitimirt und allen Minoritäten die Rechtslosigkeit im Staate zutheilt; der aus dem Staate ein Werkzeug absoluter Willkür macht, statt ihn als eine göttliche Wohlthat zum Schutze des Rechtes erscheinen zu lassen: ist der Kern seines Contrat social und der modernen oder liberalen Auffassung vom Staate. Auf der einen Seite ist dieser schrankenlos in seiner Gewalt; mit ihm entsteht Recht, Moralität, Familie, Eigenthum [1] und die bürgerliche Freiheit des Ganzen wie des Einzelnen; ihm hat sich jeder Bürger ohne allen Vorbehalt in dem Zustande übergeben, in welchem er sich eben im Augenblick des Eintrittes in den bürgerlichen Stand befand [2], „sich selber und alle seine Kräfte, wovon sein Vermögen einen Theil bildet." Nur dadurch wird er u. A. Eigenthümer, da er ein natürliches Recht nur auf das hat, was er braucht, nicht aber was er (nach den gemeinen naturrechtlichen Titeln) besitzt; denn das persönliche Eigenthum entsteht bloß durch einen positiven Act des Souveräns, der den Eigenthümer vom Reste der gemeinsamen Güter ausschließt, nachdem er seinen Theil bekommen. Mit einem Wort: der politische Körper hat eine absolute Gewalt über alle seine Glieder; der Souverän bestimmt einzig, wie weit die Selbstentäußerung der Einzelnen an den Staat in Beziehung auf Macht, Vermögen und Freiheit zu gehen habe; wenn der Souverän die Dienste des Unterthans in Anspruch nimmt, muß er sie leisten [3]; kurz die absoluteste Despotie kann nicht mehr ansprechen, als der Souverän bei Rousseau. Und dennoch soll anderseits die Verbürgung der Freiheit und Gleichheit der Einzelnen der oberste Endzweck jeder rechtmäßigen Staatsverfassung sein. Wie so? Der Souverän ist der allgemeine Wille des Volkes, und der Gegenstand seines Wollens kann nach Rousseau's Fiction nichts anderes sein, als das allgemeine Wohl der Bürger, oder die allgemeine Freiheit und Gleichheit, das höchste Gut der Menschheit. Somit dient Jeder sich selber, indem er dem Staate dient, sofern auch er Theil hat am allgemeinen Willen in der Gesetzgebung und das allgemeine Wohl zugleich sein Wohl ist [4].

---

[1] **Contrat soc.** I. 8. [2] I. 9. [3] II. 4. [4] II. 2.

Sie haben also nur einen glücklichen Tausch gemacht, nichts entäußert; selbst wenn sie ihr Leben für ihn aussetzen, geben sie ihm nur, was sie beständig empfangen ¹. Der allgemeine Wille entsteht nur durch die freie Einwilligung der Bürger, sein Leben und Sein ist ihr Werk, auch nur von ihnen empfängt er die Bewegung und Thätigkeit in der Gesetzgebung ²; und wenn diese im Gesetze alle Rechte festsetzt, so haben dafür die Bürger in allen Fällen den philosophischen Trost, daß sie selber die Urheber der Gesetze sind, mögen auch diese noch so sehr dem besonderen Interesse von Diesem und Jenem widersprechen. Der allgemeine Wille absorbirt den besondern durch das Gesetz, und je mehr dieses der Fall ist, desto vollkommener ist das Gesetz; das Gesetz aber kann nie ungerecht sein, weil es Ausfluß des Volkswillens und auf das allgemeine Wohl gerichtet ist, Niemand aber gegen sich selber ungerecht sein kann. Endlich ist diese oberste Gewalt des Volkes unveräußerlich, und das Volk kann sie jederzeit wieder zurücknehmen, wenn es dieselbe veräußert hat. Die Republik ist also die einzig legitime Staatsform. So hat sich die Gleichheitslehre nach allen ihren Seiten aus einer grundfalschen materialistischen Ansicht von der Natur und Bestimmung des Menschen entwickelt, und sie ist es, nach dem Urtheil aller Kenner, welche die französische wie alle Revolutionen gemacht hat, die nach dem Muster derselben angelegt waren.

16. Ihre **Magna Charta** aber ist die **Erklärung der Menschenrechte**, welche zuerst Mounier im Namen des Ausschusses für die Verfassung, dann Lafayette in der französischen Nationalversammlung vorgetragen hat ³. Sie besiegelte die durch die Revolution bereits geschehene Aufhebung der Stände sowie die Demokratisirung der Monarchie, zunächst

---

¹ II. 4.   ² II. 6.
³ Buchez a. a. O. II. 57 ff. 77 ff. 192 ff. 316 ff. Die Annahme dieser Déclaration des droits de l'homme et du citoyen erfolgte schließlich, nachdem die Redaction von Lafayette und Sieyes verworfen war, nach dem Vorschlag des 6. Bureau am 16. August 1789 mit dem Siege der Liberalen. Die Discussion darüber hatte am 1. August begonnen. Die Grundsätze des Naturrechts gegen die sophistische Auslegung desselben fanden viele warme und beredte Vertheidiger, aber die revolutionäre Strömung überwog bereits die Gründe der Vernunft und der Ueberlegung. Die erste Form dieses Bekenntnisses in der Verfassung von 1791 findet sich mit dieser in der amtlichen Redaction bei Buchez XI. p. 199 ff. Die zweite des Convents, die mit der Verfassung von 1793 zwischen dem 11.—24. Juni zu Tage trat, bei eben demselben Verfasser XXXI. 400 ff. Die dritte endlich, unter dem Directorium zu Stande gekommen, XXXVI. 485 ff.

durch das constitutionelle System, dem bald das republikanische, mit einer neuen Erklärung der Menschenrechte, unter Robespierre nachfolgte; mit andern Worten die Herrschaft der neuen Theorie über das bis dahin bestehende Recht. Man wollte, wie Lafayette in seiner Einleitungsrede sich ausdrückte, „die obersten Grundsätze aller Verfassung", „die ersten Bestandtheile aller Gesetzgebung", einen „Socialvertrag", der alle Glieder der Nation bände, oder, wie auch gesagt wurde, einen politischen Katechismus, mit einem Worte ein wirkliches politisches Glaubensbekenntniß aufstellen: der Kern aber war die Lehre von der allgemeinen Freiheit und Gleichheit, als dem obersten Gute, das die gesellschaftliche Gewalt zu schützen habe; die Erklärung sollte dazu dienen, wie sie selber in der Einleitung hervorhebt, die Errungenschaften der Revolution zu sichern, die allgemeine Gleichheit (durch die Abschaffung der Stände) und Freiheit (durch die Repräsentativverfassung, Freiheit des Gewissens, der Culte, Vereine) zu einem Gemeinbewußtsein zu erheben und so die Bürger theils willig zur Unterwerfung unter die Ausflüsse der Gewalt, theils wachsam gegen die Abweichungen von der neuen demokratisch-liberalen Verfassungsgrundlage zu machen. Denn alles Uebel der vorangegangenen Zeiten, in denen die ursprünglichen unveräußerlichen Rechte der Franzosen, durch Stände und Monarchie entzogen, beziehungsweise die öffentlichen Verhältnisse verderbt worden seien, stammte, nach den Urhebern dieser Erklärung, von der „Unkenntniß, der Vergessenheit oder der Verachtung der Menschenrechte". Die „Erklärung" aber sollte Rechte und Pflichten in steter Erinnerung erhalten, „damit die Acte der gesetzgebenden und vollziehenden Gewalt, indem sie jeden Augenblick mit dem Zwecke jeder politischen Einrichtung verglichen werden könnten, mehr geachtet würden und die Einsprachen der Bürger, auf einfache und unwiderlegliche Principien gegründet, allezeit zur Aufrechthaltung der Verfassung und zum Wohle Aller beitrügen"[1].

17. Diese Einleitung enthält bereits den ganzen Standpunkt der siegreichen Partei in seinen Hauptzügen. Eine Vergleichung mit der kirchlichen Reformation hellt den Sinn derselben am besten auf. Diese wollte das lautere Wort Gottes, das längst zuvor in der Kirche bestand und in ihr durch Lehre, Gesetz, Herkommen und Uebung seine lebendig sich fortpflanzende Auslegung erhielt, frei von all' dieser Ueberlieferung in seine Würde einsetzen und übergab es den Gläubigen zu selbsteigener

---

[1] Einleitung der Menschenrechte.

Auslegung. Die Wirkung war der Individualismus in der Kirche mit Auflösung ihrer Socialbande. Die Urheber der „Menschenrechte" haben das Naturrecht, im Gegensatz zum bestehenden Rechte, in seine Würde wieder einsetzen und den Einzelnen zum Ausleger desselben machen wollen. Das natürliche Recht legt sich gleichfalls auf eine lebendige Weise aus durch Gesetz und Herkommen, sowie das den Menschen innewohnende Pflichtbewußtsein, das im Nächsten Seinesgleichen achten lehrt, also Unverletzlichkeit seiner Person und seines Eigenthums, sowie Obrigkeit, Religion und Sittlichkeit zu ehren vorschreibt. Indem man die bestehenden Regierungen, Gesetze und Rechte als geschworene Feinde der natürlichen Menschenrechte hinstellte, unterschob man ein selbstgemachtes Naturrecht, das Dogma von der Gleichheit und Freiheit, dem wirklichen; und indem man die Einzelnen zu Wächtern über die Beobachtung desselben einsetzte, sanctionirte man die Revolution im Staate, wendete also auf diesen ganz dasselbe an, was 250 Jahre früher, im Namen des lauteren Evangeliums und der Christenwürde, gegen die Kirche geübt worden war. Mag man also über die Aufstellung von „Grundrechten" denken, wie man will[1], die Stellung, welche dieselben als neuer politischer Katechismus in den „Menschenrechten" einnahmen, ist eine den Staat nothwendig der Anarchie preisgebende. Charakteristisch ist dabei, daß die Freiheit von jeder religiösen Auctorität gleichfalls als ein Menschenrecht hingestellt und außer der politischen keinerlei Ordnung und Auctorität geschützt wird. Für die Urheber der Erklärung gab es keine Auctorität mehr als das „Gesetz", den Ausdruck des souveränen Nationalwillens, den wir aus Rousseau kennen, und keinerlei Verpflichtung, als den unbedingten Gehorsam gegen den allgemeinen Willen.

18. Daß mit der Religion insbesondere für sie aufgeräumt war, drückten mehrere dieser neuen Menschenrechte deutlich genug aus, es klebt

---

[1] Die englische Verfassung wie die nordamerikanische, diese eine reine Demokratie, jene eine durch Königthum und Demokratie gemäßigte Aristokratie, stellen ähnliche allgemeine Grundsätze an die Spitze, jedoch mit dem Unterschiede, daß die englische Declaration von 1689, zurückgehend auf die Magna charta von 1215, concrete Freiheiten, die sich aus dem Mittelalter her im Rechtsbewußtsein der Nation erhalten hatten (vgl. Walter, Naturrecht und Politik §. 114), enthielt, während die nordamerikanische Demokratie für die Besiedelung der weiten Länderstrecken in der That sich als ein ebenso praktisches als den faktischen Zuständen entsprechendes System erwies. Die Katholiken und Royalisten in der französischen Assemblée nationale verwiesen ihre doctrinären Gegner auf die völlig verschiedenen Grundlagen in den französischen und nordamerikanischen Verhältnissen, jedoch ohne Erfolg.

ihnen die philosophische ungläubige Feindseligkeit gegen das Christenthum in mehreren Bestimmungen an, wie sattsam auch aus den Verhandlungen erhellt. „Keiner darf fürder mehr um seiner Meinungen willen beunruhigt werden, selbst wenn es religiöse Meinungen sind, vorausgesetzt, daß ihre Kundgebung nicht die öffentliche Ordnung störe, die durch das Gesetz aufgerichtet ist." (Art. 10 der Menschenrechte.) Also alle dogmatischen Lehren und Grundsätze, z. B. das apostolische Glaubensbekenntniß und der Decalog, stehen außer dem Schutze dieses natürlichen Rechtes und sind als bloße religiöse Meinungen den philosophischen Lehren gleichgestellt. „Die freie Mittheilung der Gedanken und der Meinungen ist eines der kostbarsten Rechte des Menschen: jeder Bürger kann also sprechen, schreiben, drucken, vorbehaltlich der Verantwortung für den Mißbrauch dieser Freiheit, in den durch das Gesetz bestimmten Fällen." (Art. 11 der Menschenrechte.) Die Kirche also mit ihren Einrichtungen kann ungescheut angegriffen werden, hat nur soviel Schutz und Recht, als ihr die Nationalrepräsentation „durch das Gesetz" einräumen will [1]. Den einzigen Grund aber für dieses angebliche Naturrecht bildeten die Verdienste der Presse um den Sieg der Rousseau'schen Lehre [2]. — „Das Gesetz anerkennt weder religiöse Gelübde, noch irgend welche andere Verpflichtung, welche den natürlichen Rechten oder der Verfassung zuwider wären." „Es gibt fürder weder Adel ꝛc. noch irgend eine andere Obrigkeit, als jene der öffentlichen Beamten in der Ausübung ihres Amtes." (Einleitung zur Verfassung.) Hiemit war die Geltung jedes kirchlichen Verbandes und der daraus folgenden Unterordnung bereits im Namen des neuen Naturrechts, der Gleichheitslehre, beseitigt. Ausdrücklicher noch garantirte die Verfassung des Staates seinen Bürgern das Recht, die Diener ihres Cultes selber zu wählen; erklärte alles Kirchengut als Nationalgut zur fortwährenden Verfügung der Nation, versprach Allen einen zugänglichen Staatsunterricht mit entsprechenden Staatsanstalten und eine öffentliche Unterstützungsanstalt, um Waisen zu erziehen, die arbeitsunfähigen Armen mit Lebensmitteln, die arbeitsfähigen mit Arbeit zu versehen. (Einleitung zur Verfassung von 1791.) Also eine kirchliche Disciplin und autonome Gesetzgebung existirte für diesen politischen

---

[1] Der gesetzliche Schutz allerdings war nicht ausgeschlossen, sobald sich die Mehrheit der Gesetzgeber hiefür erklären wollte. Man verwies daher, auf den Vorschlag von Talleyrand, zwei dahin gehörige Artikel aus den Menschenrechten. Buchez II. 330.

[2] Buchez II. p. 336.

Körper ebenso wenig mehr als ein selbsteigenes Bestellungsrecht der Kirche in Ansehung ihrer Diener, oder ein Recht auf eigenes Vermögen, kirchliche Schule und Armenpflege.

19. Als natürliche Rechte aber, welche die Menschen von Geburt in gleicher Weise mitbringen und in der Gesellschaft bewahren sollen, beziehungsweise deren Erhaltung der hauptsächlichste Gegenstand der staatlichen Fürsorge bilden soll, nannte man die Freiheit, einzig eingeschränkt durch die Rücksicht auf die Freiheit Anderer, und begrenzt durch das Gesetz; das Eigenthum; die Sicherheit; den Widerstand gegen Unterdrückung. Alle sociale Ungleichheit soll einzig durch das Gemeinwohl begründet sein; die Souveränetät in der Nation ruhen, alle Gewalt von ihr übertragen sein; alle Bürger das unveräußerliche Recht haben, zur Gesetzgebung und Festsetzung der Steuern mitzuwirken, die öffentlichen Aemter nur nach Tugend und Verdienst vergeben werden. Die Beamten sollen der Gemeinschaft grundrechtlich Rechenschaft schuldig sein. (Art. 1. 2. 3. 4. 6. 13. 14. 15.) Nimmt man dazu, daß der König nur die Executive mittelst verantwortlicher Minister, die Nation das Gesetzgebungsrecht, eingeschränkt einzig durch königliches Suspensiv=Veto, haben sollte; daß jedem Bürger das Petitionsrecht, das Versammlungsrecht zugesichert wurde: so haben wir Alles, was je die heutigen Liberalen als das Ideal politischer Glückseligkeit sich wünschen mögen, und das noch dazu als einen, in seiner Grundlage wenigstens, nothwendigen Ausfluß des Naturgesetzes. Die Kritik dieser Verfassung der reinsten und ursprünglichen Form des Liberalismus mit ihren Grundrechten haben die Ereignisse mehr als zahlreiche tüchtige Publicisten, unter denen der Engländer Burke und Gentz unter den Deutschen hervorragen, übernommen. Sie reducirte offenbar die übrig gebliebene öffentliche Gewalt im Staate auf Null und überlieferte sie dem Spielball der Parteien, so daß ein Staatsstreich mit permanenter Dictatur und unbeschränkter Verfügung über Eigenthum, Leben und Gesinnung der Bürger, also das reine Gegentheil all' der politischen Freiheit und Gleichheit, welche man der neuen liberalen Aera als unfehlbar angekündigt hatte, noch als Wohlthat erschien, um wenigstens die Nation vor dem Untergang zu retten. So urtheilten mit De Maistre (Considérations sur la France) noch andere conservative Franzosen. (Bei Stein I. 127.)

20. Worauf wir aber die Aufmerksamkeit des Lesers lenken müssen, ist die schon in dieser ersten Form des Liberalismus klar ausgeprägte Tendenz, das göttliche Recht der Kirche, sei es in Auslegung von Dogma und

Moral, sei es in Ausübung der Disciplinargewalt, völlig zu beseitigen und das politische Gemeinwesen ganz und gar davon zu emancipiren. In welchen Widerspruch verwickelte sich ein solcher Standpunkt mit dem bestehenden Rechte der Religion, und was anders als eine blutige Verfolgung, gleich der der römischen Cäsaren, war von diesem vielköpfigen Souverän zu erwarten, wenn die Kirche gegen dessen Anforderungen standhaft auf ihrem göttlichen und wohlerworbenen historischen Rechte beharrte! Man erkennt hieraus zweierlei: daß dem modernen Liberalismus die Unverträglichkeit mit der Kirche, mit ihrem göttlichen, ja selbst mit dem bloß natürlichen Gesellschaftsrechte derselben ursprünglich eigen ist; sodann daß er gleichfalls von Anbeginn für seine Staatsgewalt der Kirche wie überhaupt allem zuvor Bestehenden gegenüber eine unbeschränkte Macht anspricht, in demselben Augenblicke, da er diese selbe Staatsgewalt des innern Haltes durch eine maßlose Demokratie und die Beseitigung ihrer moralischen Stützen beraubte. Der liberale Staat wird also stark in der Unterdrückung des Rechtes und schwach in Steuern gegen die Anarchie; er verfolgt die Freunde und zieht groß die natürlichen Feinde seiner Ordnung. Daraus erklärt sich drittens, daß die Revolution, um der neuen liberalen Ordnung zur Geburt zu verhelfen, unerläßlich und nicht etwa ein zufälliger Paroxysmus, wie die Liberalen oft glauben machen wollen; nicht ein bloßer Exceß der Bewegung, sondern ein nothwendiges Erforderniß war. Es wäre ein Unrecht, den Liberalismus auf Kosten späterer Richtungen hievon freizusprechen; was in der Umwälzung von 1789 siegte, war zunächst nichts mehr und nichts weniger als die Gleichheitslehre im Stadium des Liberalismus; alle seine Grundsätze und Bestrebungen fanden in diesem ersten Stadium, auf welchem die Revolution mit der alten Monarchie sich zu vertragen suchte, ihre Verwirklichung.

21. Dieses einfach historische Factum läßt sich auch aus der Natur des Liberalismus mit Leichtigkeit nachweisen, stimmt mit ihr vollkommen zusammen. Er ist ein Socialsystem, das die Repräsentativverfassung, die sociale Freiheit und Gleichheit und die Gleichberechtigung religiöser Meinungen mit der Kirche als Forderungen des Naturrechtes ansieht und den christlichen Staat nach den Ideen der Gleichheit und Freiheit umzugestalten sucht. Schon dieses Ziel schließt Auflösung in sich. Dazu bedurfte es ferner einer neuen Gewalt, welche der bestehenden gewachsen war, jene aber konnte nur durch eine Beseitigung der rechtmäßigen geschaffen werden, eine Revolution, welche hinwiederum eine Umwälzung in den Sitten, dem öffentlichen Rechtsbewußt-

sein und dem christlichen Glauben voraussetzte, um möglich zu werden. Daraus folgt, daß die systematische Bearbeitung des Volkes und aller Stände, um in ihnen den christlichen Glauben, den Glauben an eine göttliche Weltregierung, an eine Vergeltung nach dem Tode, namentlich an die ewige Strafe, die Achtung vor der Heiligkeit des Sittengesetzes und der göttlichen Ordnung im Staate zu erschüttern, etwas Nothwendiges an der Geschichte des Liberalismus ist. Denn erst, wenn er alle diese Pfeiler der bestehenden Rechtsordnung gestürzt hat, kann er das auf sie Gebaute als ein Werk menschlicher Willkür und Gewaltthat oder eines glücklichen Zufalles für ehrgeizige Menschen hinstellen; erst dann das göttliche Recht durch den Gedanken der unveräußerlichen Souveränetät des Volkes beseitigen und seine Herrschaft begründen. Der Liberalismus ist, mit andern Worten, wesentlich Herrschaft der „Menschenrechte"; auf seine Rechnung kommt also auch das zu ihrer Begründung nöthige Vorspiel, für ihn wirkte der giftige Spott Voltaire's und seiner Genossen, welche die Religion, die Furcht Gottes und der ewigen Strafe für ein Ammenmärchen ausgaben, die Tugend für einen Wahn, den Egoismus für die Triebfeder aller Handlungen erklärten, die Unsterblichkeit der Seele, ja sogar die Existenz der Seele als ein Phantom der Theologen anzweifelten und das Dasein eines göttlichen Wesens jenseits der Natur als eine bloße Hypothese von unklaren Metaphysikern behandelten. Kurz, der ganze Feldzug der französischen Encyclopädisten ist, als die nothwendige Vorstufe der Entwicklung für den Grundgedanken des Liberalismus von der unveräußerlichen Hoheit und Souveränetät der natürlichen Menschenwillkür über alle bestehende Gewalt und Einrichtung[1], ein wesentlich geschichtliches Moment in der Erzeugung dieses Systems. Und ganz dasselbe muß man von den zahlreichen Eigenthums- und Rechtsverletzungen, welche die Geburtsstätte des Liberalismus um-

---

[1] Es ist das große Verdienst von Barruel, in seinen oben ausgehobenen Memoiren die bedachte Vorbereitung der Revolution durch die Gesellschaft der Philosophen in Frankreich und ihre Verzweigungen über Europa hin unwiderleglich aus den Eingeständnissen, den Briefen, namentlich zwischen den Eingeweihten, nachgewiesen zu haben. „Aberglaube, Christenthum und Tyrannei" (Monarchie) werden als die „Plagen des Menschengeschlechtes" behandelt und durch eine unglaubliche Rührigkeit in Verbreitung von Schriften u. s. w. alle die Grundlagen erschüttert, auf denen Staat und Kirche beruhen. Dieser Punkt ist indessen nunmehr so allgemein, auch von liberalen Schriftstellern, zugestanden, daß es nicht nöthig ist, länger bei ihm zu verweilen.

stehen, sagen: sie kommen auf seine Rechnung, haben ihn zur Welt gebracht, sind Bedingungen seiner Existenz, der Anfang seines Lebens. Nicht die Communisten, die später gekommen sind, haben sie zu verantworten. Mochte ferner das absolute Königthum vorgearbeitet haben: der Hauptstoß gegen die Krone, die zu einem Schatten herabgesetzt wurde; die ersten Schläge gegen die Kirche durch Säcularisirung ihres Vermögens und Aufhebung der religiösen Orden, durch den Verfassungseid und die Gleichstellung der Culte; die Beseitigung der alten Provincialrechte und Anbahnung der administrativen Centralisation, all' das gehört zum Werden des Liberalismus. Es ist auch das von den Parteischriftstellern so wenig bestritten, daß es ihm mit andern Gewaltthaten in Wort und That zum Verdienste angerechnet zu werden pflegt.

§. 3. Die späteren Symbole des Liberalismus, oder: Reine Demokratie, Communismus, Socialismus und Socialdemokratie.

22. Die Entdeckung, daß die Gleichheit Aller vor dem Gesetze durch die Verfassung von 1791 noch nicht hergestellt, daß an die Stelle der alten Geburtsaristokratie eine neue, die Geldaristokratie getreten sei, trieb, anstatt zu einer ruhigen Prüfung der sophistischen Gleichheitslehre, ob sie nämlich wirklich mit der Natur harmonire oder nicht, in dem Sturme jener Zeit zur Bildung neuer Körper, welche nacheinander die Herrschenden in der Gesetzgebung verdrängten und mit ihnen den noch bestehenden Rest von Königthum, sowie die Häupter der neuen Aristokratie stürzten. Jene Verfassung hatte neben der Volkssouveränetät, die unveräußerlich sein und durch die Gesetzgebung ausgeübt werden sollte, außer den monarchischen Trümmern, die sie aufrecht hielt, die Beschränkung des Census für active und passive Wählbarkeit in die gesetzgebende Versammlung gestellt. Damit schied sie die Besitzenden als Vollbürger (Citoyens actifs) von den Nichtbesitzenden, die doch gleichfalls ihren Theil an der Revolution gehabt hatten. Dazu kam, daß sich für die Herrschenden, der Natur der Sache gemäß, die Nothwendigkeit herausstellte, zur Aufrechthaltung von Ruhe und Ordnung die Presse, trotz ihrer unveräußerlichen Ansprüche, zu zügeln, die geheimen Clubs zu maßregeln und Alles das anzuwenden, was der gestürzten Regierung von den Liberalen, als sie noch nicht am Ruder waren, zum Vorwurf gemacht wurde: ein Gesetz, das sich bei allen Revolutionen der Neuzeit

wiederholt hat, und das beweist, daß das Gleichheitsdogma nach seiner practischen Seite in demselben Maße verlassen wird, als die politische Ordnung und die menschliche Natur wieder zu Kraft kommen. Die Anhänger des Dogma, denen die Inconsequenz nicht zu Statten kam, kehrten es nun gegen die neue Regierung und die constitutionelle Verfassung. Die Gleichheit sollte jetzt Wahrheit werden, mit der Volkssouveränetät wollte man gründlich Ernst machen. Man stellte das Musterbild einer reinen Demokratie auf, und wenn von einer solchen das Glück eines Volkes abhängt, so mußte Frankreich das glücklichste Reich sein. Es ging aber umgekehrt. Der Wohlfahrtsausschuß erhob sich aus dem Schoße der Demokratie, wie eine Ironie, suspendirte die Verfassung, um sie in's Leben einzuführen; veräußerte also die unveräußerlichen Menschenrechte auf Freiheit, persönliche Sicherheit und Eigenthum, und so lieferte die Schreckensherrschaft noch gründlicher als der Liberalismus den Beweis, daß das Gleichheitsdogma mit dem Bestand der Gesellschaft unverträglich sei, und daß ein gemachtes Naturrecht, der Doctrinarismus der Ideologen, zur Zerstörung alles wirklichen positiven und natürlichen Rechtes führe. Das Große an dieser Entwicklung ist das Hereinragen der göttlichen Gerechtigkeit, welche die Frevler gegen sich selber waffnet; die Schreckensherrschaft ist das Weltgericht über das Princip, das Hauptdogma des Liberalismus.

23. Mit dem Ertrinken der grauenhaften ungeheuerlichen Gestalten in den Strömen von Blut, welche sie ihrer Doctrin geopfert, schien die Gleichheitslehre selber für immer beseitigt; denn die moralische und physische Erschöpfung des Volkes hatte den äußersten Grad erreicht; und doch hatte das gespenstische Ungethüm noch nicht zur Ruhe gebracht werden können. Alsbald nach dem Sturze Robespierre's und der Jakobiner raffte es sich von Neuem auf, um noch gründlicher die Gleichheit und Freiheit Aller mittelst der Gütertheilung zu verwirklichen. Dieser Versuch, die Communisten-Verschwörung Babeuf's, eines Gesinnungsgenossen von Robespierre, hat die socialistischen und communistischen Verirrungen unseres Jahrhunderts eingeleitet. Sie hat uns auch mit einer neuen Confession, oder einigen Confessionen der neu entstandenen Secte, welche ihre Hauptsymbole geblieben sind, sowie mit dem ersten Entwurf einer Gesellschaftsordnung nach den Grundsätzen des Communismus beschenkt. Der Versuch Babeuf's mißlang vollständig als politisches Experiment, aber er blieb nicht allein als Vorbild für die Secte wichtig, sondern auch dadurch, daß er zuerst durch ein Compromiß mit

der reinen Demokratie die zwischen Liberalismus und Communismus mitten inne stehenden Mischlingsparteien, den Socialismus und die Socialdemokratie, ausgewirkt hat, die auch bei den nachfolgenden Revolutionen von 1830 und 1848 in und außer Frankreich eine Rolle spielten und in letzter Zeit in Italien nachhaltige Erfolge zu Stande gebracht haben. Die verschiedenen Formen der Gleichheitslehre sind hiermit im Einzelnen erschöpft und dieselben müssen nun noch näher verglichen werden, um ihren Gegensatz und ihre innere Einheit zu erkennen.

24. Der Liberalismus wollte im Gegensatze zu der historisch überlieferten Ungleichheit der politischen Rechte, die sich in der Unbeweglichkeit des Grundbesitzes verkörperte, die nach der Theorie Rousseau's den Menschen zukommende natürliche Gleichheit, sowohl in dem bürgerlich gesellschaftlichen Verkehre, als in dem öffentlichen Staatsleben wieder herstellen. Für Alle, welche einmal hierzu mittelst der Revolution entschlossen waren, entstand nun die practische Frage: genügt es hiebei, die historisch verwachsenen Vorrechte des Adels und der Geistlichkeit abzuschaffen, und die Gewalt des Königs durch eine Nationalvertretung zu begrenzen? Darf durch die Einschränkung auf die Wählbarkeit durch die steuerzahlenden Activbürger, nach einem gewissen Census, eine neue Ungleichheit Platz greifen? Durch die Alleinherrschaft des dritten Standes und die Veränderungen in den Eigenthumsverhältnissen, die nur einer Minderheit zu Statten kamen, sehr Viele aber, neben den zunächst Betroffenen, beschädigten und mittellos machten, war eine neue herrschende Klasse entstanden, während daneben die Armen thatsächlich von der Herrschaft, auf welche sie gleiches Recht haben sollten, ausgeschlossen waren; es war also eine neue Ungleichheit an der Stelle der alten vorhanden. Was half dem gemeinen Manne die verfassungsmäßige Zusage des gleichen Rechtes mit dem Reichen, wenn ihm die Mittel fehlten, sich jene Stellung zu verschaffen, durch welche allein er politische Rechte erlangen konnte? Hier war der erste Hebel, den die Verschworenen gegen die monarchisch-constitutionelle Verfassung von 1791 ansetzten. Sie verlangten politische Gleichberechtigung ohne Rücksicht auf das Vermögen, also ein wirklich allgemeines Stimmrecht sollte die neue Ungleichheit beseitigen. Der zweite Hebel war das Mißtrauen gegen die gebliebenen Reste von Monarchie, Kirche und Adel, wozu die Verbindungen Ludwigs XVI. mit den Emigrirten und dem den Eid verweigernden Theile der katholischen Geistlichkeit benützt wurden. Die Gleichheitslehre war Dogma der Secte, sie verträgt sich aber nicht mit der Monarchie, sondern einzig mit

der Volkssouveränetät. Die Monarchie wurde deßhalb beseitigt. Aber der unglückliche Fürst war nicht der Einzige, der über die allgemeine Gleichheit hinausragte. Die Gleichheitslehre verträgt sich noch viel weniger mit einer unabhängigen Kirche. Die getreuen Priester und Mönche, die Nonnen und was an der Kirche festhielt, mußte durch das Exil oder Blutgerüst aus dem Reiche der Gleichheit vertilgt werden. Aber wo sollte das System enden? Vertrug es sich mit dem Reichthum? dem Genie? dem Verdienst? Was immer sich durch Besitz, Begabung, Tugend und Anhänglichkeit an das Bestehende über die allgemeine Gleichheit hervorthat, wurde verdächtig, es nicht mit dem Staatsglauben zu halten und verfiel der Proscription. Die reine Demokratie bewegte sich mit strenger Logik. Proscription forderte aber Aufhebung der Verfassung und der Grundrechte; so kurz hatte die Geltung der unveräußerlichen Menschenrechte gewährt! Es wurde also ein revolutionärer Ausschuß niedergesetzt und zur Befestigung der Gewaltherrschaft der innere und äußere Krieg benützt. Denn die Gegner der Revolution hatten das ganze außerfranzösische Europa auf ihrer Seite, und dieses rückte in Heeren heran, um die republikanische Empörung zu züchtigen und die durch die Revolution Beschädigten in Ehre und Eigenthum wieder einzusetzen. Hiegegen bedurfte es einer beispiellosen Energie und Concentrirung aller Kräfte, die Bürger mußten der neuen Gewalt völlig mit all' dem Ihrigen dienstbar gemacht werden. Man nannte diese Willigkeit die republikanische Tugend. Als Erziehungsmittel diente wiederum der Schrecken. Das war die Herrschaft der reinen Demokratie. In der Verfassung (vom 24. Juni 1793, promulgirt den 10. August) war die öffentliche Gewalt nach allen ihren Functionen in die Gesammtheit zurückgegangen und das demokratische Princip auf die äußerste Spitze getrieben [1], so daß ihr selbst die Volksrepräsentation nicht demokratisch genug war [2]. Die gesetzgebende Versammlung, wie der Vollziehungsrath von 24 Mitgliedern,

---

[1] Nous avions chacun, sagt der Berichterstatter Herault-Sechelles im Convent Namens des Wohlfahrtsausschusses, le même désir, celui d'attendre au résultat le plus démocratique: la souveraineté du peuple et la dignité de l'homme étaient constamment présentes à nos yeux; c'est toujours à la dernière limite, que nous nous sommes attachés à saisir les droits de l'humanité. Buchez XXVIII. p. 178.

[2] La constitution française ne peut pas être exclusivement appelée représentative, parce qu'elle n'est pas moins démocratique que représentative. A. a. O. p. 183.

sollte durch jährliche Neuwahl aus den Urversammlungen hervorgehen und diesen letztern auch die Beschlüsse des gesetzgebenden Körpers zur Annahme vorgelegt werden, alle Magistrate sollten vom Volke erwählt und sammt der Regierung dem Volke verantwortlich sein. Daneben aber stand, gleichsam als Heilmittel für die Unfähigkeit, mit einer solchen Verfassung zu regieren, oder auch nur sie in's Leben einzuführen, eine revolutionäre Regierung, um, mit Suspension der Verfassung, das Reich durch unumschränkte Macht in einen der Republik entsprechenden Zustand zu versetzen. So wollte Robespierre auf der einen Seite die Menschen durch das „Gesetz" „frei" und „gleich", zu „Menschen" machen, auf der andern die Regierung stark genug wissen, um die Menschen nöthigenfalls zu zwingen, Menschen in seinem Sinne zu sein. Und je mehr er dieses Princip im Widerspruch mit Allem sah, was rund um ihn her vorging und was bis dahin als Staatswohl und Staatszweck gegolten hatte, desto mehr war er dafür eingenommen [1].

25. Wenn man diese Periode mit der des Liberalismus vergleicht, so kann man die Folgerichtigkeit, mit welcher in ihr dessen Grundsätze und Verfahren vollendet werden, nicht bestreiten. Dem politischen Bekenntniß des Liberalismus liegt im Gedanken der Volkssouveränetät wirklich die Demokratie, und zwar als die allein vor der Vernunft berechtigte Form von Staatsverfassung zu Grunde. Der Liberalismus wollte aber einen Vertrag mit der bestehenden Monarchie schließen. Allein wenn die oberste Gewalt nach der Dictatur der Vernunft nur eine vom souveränen Volke übertragene sein kann und dieses allezeit berechtigt ist, die Gewalt an sich zu ziehen, so war der Convent nicht allein zu der Abschaffung der Monarchie berechtigt, sondern er begründete auch durch sein Verfahren einen Fortschritt, den Ausbau der liberalen Verfassung. Eben dasselbe muß von einem allgemeinen Stimmrecht gesagt werden, und die Einsetzung einer außerordentlichen, nicht von der Verfassung vorgesehenen, revolutionären Regierung ist nur in größerer Ausdehnung ganz dasselbe Verfahren, das die Liberalen gegen die bevorrechteten Stände und die bestehende Gewalt des Königs in Anwendung gebracht hatten. Der

---

[1] L'homme est né pour le bonheur et pour la liberté, et partout il est esclave et malheureux. La société a pour but la conservation de ses droits et la perfection de son être, et partout la société le dégrade et l'opprime! Le temps est arrivé de le rappeler à ses véritables destinées.... Pour remplir votre mission, il faut faire précisément tout le contraire de ce qui a existé avant nous. Robespierre, Sur la constit. Buchez XXVI. p. 432.

Convent strich nicht allein alle Transaction, sondern selbst die Erinnerung an das früher Bestehende aus den Grundrechten und der Verfassung, und vollendete in jenen den revolutionären Individualismus. Allein die reine Demokratie der Schreckensherrschaft ging in der Vollendung des liberalen Systems noch nach einer andern Seite, die viel wichtiger war, voran: nicht allein bekannte sie ganz offen durch eine blutige Verfolgung ihren Haß gegen die Kirche und das Christenthum, der bis zur Abschaffung selbst der christlichen Zeitrechnung vorschritt, sondern sie erhob die mehr rhapsodische Erklärung der Menschenrechte zu der Würde einer neuen Religion, einer Religion der Natur nämlich, und Robespierre schickte sich an, als Gesetzgeber oder Reformator des „Menschengeschlechtes" aufzutreten. Der Liberalismus hatte durch sein thatsächliches Vorgehen gegen das Recht in Kirche und Staat eine Sendung sich beigelegt, welche zu ihrer formellen Berechtigung göttlicher Vollmacht bedurft hätte. Er berief sich auf die unveräußerlichen von Gott mit der Natur gegebenen Menschenrechte; aber um damit über die Rechte der Religion sich zu erheben, mußte einerseits die übernatürliche Religion geläugnet und die Religion als ein Werk der Natur erklärt, andererseits in dem System der Menschenrechte eine religiöse Norm, die wahre Naturreligion, angenommen werden. Diese dem Verfahren des Liberalismus zu Grunde liegenden Gedanken hat die reine Demokratie an die Oberfläche gespült. Robespierre betrachtete sich als den Gesandten Gottes, den unfehlbaren Ausleger der Natur, und ging daran, die wahre, allgemeine menschliche Religion, kurz vor seinem Sturze, zu promulgiren [1]. Auch das ist ein Fortschritt, indem so das innere Wesen der Gleichheitslehre, kraft dessen sie eine Grundhäresie gegen das Naturgesetz und eine Apostasie vom Christenthum ist, mehr in's Licht gestellt wurde. Die Revolution versprach schon damals der Menschheit die neue Aera, die ihr heute wieder angekündigt wird: damals wie heute unter der Herrschaft der Humanität, oder des dem Menschen von der Natur mitgegebenen Gesetzes. Sie vergaß aber damals wie heute zu beweisen, daß sie die unfehlbare Auslegung dieses Gesetzes habe. Auch die Kirche legt das Naturgesetz aus. Wer erklärt es richtig? Die von Gott, dem Urheber des Gesetzes, durch Wunder beglaubigte Religion, oder aber die

---

[1] Sein Biograph Neuvéglise (s. u.) hat die ganze, an sich sehr lächerliche Posse, die der neue Prophet spielte, ausführlich beschrieben; nach Eckert wäre es eine aus der Loge entlehnte Vorstellung gewesen.

Männer der Schreckensherrschaft, die von der menschlichen Natur nur noch den Namen zu besitzen schienen? Die Antwort hierauf dürfte nicht schwer sein.

26. Daß nun Robespierre dieses innerste Wesen des Liberalismus, zugleich Apostasie und Häresie gegen das Naturgesetz in untrennbarer Wechselwirkung zu sein, enthüllt hat, gehört zu der Größe dieser nächtlichen Erscheinung. Als Gesetzgeber treibt er die Unnatur der Sophistik, als Häresiarch ihre Ketzerei auf die Spitze. Robespierre war hierbei nur der Vollstrecker der Rousseau'schen Ideen, Rousseau aber schmeichelte sich, durch sein System die Reform von Calvin vollendet und der Menschheit einen neuen Tag heraufgeführt zu haben. Sein Grundgedanke, daß die Menschen durch den Eintritt in den gesellschaftlichen Verband und die damit gegebenen positiven Gesetze und Einrichtungen ihren glückseligen Naturzustand verloren, ihre Lage verschlechtert haben: daß je mehr gesellschaftliche Bildung, desto mehr Verkümmerung der Natur eintrete, die von Hause aus gut, nur sich selbst überlassen bleiben dürfe, um etwas ganz Vortreffliches zu Wege zu bringen; daß daher in den ungebildetsten Klassen die Natur noch am reinsten zu Hause sei — diese und ähnliche antisocialen, gegen den Glauben und die Vernunft gleich sehr verstoßenden Lehren zündeten in Robespierre und wurden in ihm der Leitstern für seine selbstgeschaffene Mission, das Reich der Natur unter den Menschen mittelst der Guillotine wieder aufzurichten. „Robespierre[1] war es", sagt Stein, „der zum ersten Male die wirkliche Gleichheit der Gesellschaft zum Gegenstande seines Wollens und Thuns und vor Allem zur Aufgabe der Staatsgewalt machte." Der Normalmensch aber, nach welchem alle andern zugeschnitten werden sollten, um endlich einmal die wirkliche Gleichheit herzustellen, lebte für Rousseau und seinen gelehrigen Schüler in der untersten Klasse der Gesellschaft; diese, nicht die Bourgeoisie, der dritte Stand, wie die Liberalen gewollt, ist der wahre Träger des Naturzustandes; „le peuple", das Volk im neuen Sinne des Wortes (im Unterschiede von den gebildeten Klassen), „ist die Quelle alles Guten, das Vorbild der Gesellschaft"[2]. Daher ist nach den Robes-

---

[1] Stein, Geschichte der socialen Bewegung. I. 144.
[2] Ein Zeitgenosse von Robespierre, der ihn sehr scharf nach dem Leben gezeichnet hat, M. Le Blond de Neuvéglise (La Vie et les crimes de Robespierre surnommé le tyran depuis sa naissance jusqu'à sa mort. Augsbourg 1795. p. 76 ff.) theilt einen sprechenden Zug mit, wie tief diese Gleichheitslehre in ihm Wurzeln geschlagen hatte, lange bevor er dieselbe mittelst der Guillotine in's Leben

pierre'schen Menschenrechten jede Einrichtung fehlerhaft, die „nicht das Volk für gut und die Obrigkeit als bestechlich voraussetzt!" (Art. 19.) Des Gegensatzes gegen das Christenthum und der auf ihm sich aufbauenden Ordnung war dabei dieser Volksschmeichler, welcher der Menschennatur ausschließlich beilegte, was sie nur unter der Herrschaft der Erlösungsgnade erlangt, sich wohl bewußt; er wollte durch die Herrschaft des gleichmachenden Gesetzes „die Versprechungen der (ungläubigen) Philosophen erfüllen"; eine Glückseligkeit nämlich ohne Glauben herstellen und so die „Wünsche der Natur, die Bestimmung der Menschheit erreichen". Daher wurde unter seiner Dictatur die Sitte üblich, heidnische Namen sich beizulegen, im alten Rom und in Sparta die Ideale der neuen republikanischen Tugend zu holen. Diese Tugend aber bestand in einer unbedingten Unterwerfung unter das von den Machthabern dictirte Gesetz, oder das volle Opfer für das, was man das Vaterland nannte. „Wir wollen", heißt es in einem Berichte von Robespierre (vom 5. Februar 1793), „eine Ordnung der Dinge, wo alle niederen und zerstörenden Leidenschaften gefesselt, alle wohlthätigen und edelmüthigen aber geweckt werden durch die Gesetze; wo das Vaterland das Wohlsein jedes Individuums verbürgt, wo jedes Individuum sich des Wohles des Vaterlandes erfreut, wo die Unterschiede nur aus der Gleichheit selber entspringen. Wir wollen in unserm Lande die Moral dem Egoismus, die Rechtschaffenheit der Ehrsucht, die Grundsätze dem Herkommen, die Pflichten dem Gutdünken, die Herrschaft der Vernunft der Tyrannei der Mode, die Verachtung des Lasters der Verachtung des Unglücks folgen lassen." Und ein anderer dieser seltsamen Fanatiker, welche die erhabensten Gesinnungen mittelst der Guillotine zu bewirken hofften, St. Just, erklärte (am 13. März desselben Jahres): „Wenn das Volk die

---

umzusetzen suchte. Als er sich zu Arras, seiner Vaterstadt, um die Abgeordnetenstelle für die Generalstaaten bewarb, sagte Einer, der später zu seinen Schmeichlern und Gesinnungsgenossen gehörte, ironisch, durch Robespierre's Verdienst werde einst l'Anguillotte — ein armer Mensch, allgemein bekannt wegen seines Geschäftes, die in Brunnen gefallenen Gegenstände herauszuholen — an die Spitze des Gemeinderathes von Arras treten. Robespierre erlangte, was er wollte, und vor seiner Abreise nach Paris ließ er l'Anguillotte kommen, er mußte ihm sein Gepäck zum Wagen tragen, und von der Majestät des Volkes sprechend, die durch jene Ironie in l'Anguillotte beleidigt worden sei, fügte er bei: „Behalte, mein Freund, was ich dir jetzt sage: Alles wird sich verändern in Frankreich, in Kurzem wird der arme l'Anguillotte ausruhen können; die l'Anguillottes werden Maires und die Maires werden l'Anguillottes werden."

Tugend liebt und die Mäßigkeit, wenn die Schamlosigkeit von den Gesichtern verschwindet, wenn die Scham in die Stadt zurückkehrt, wenn die Beamten sich in ihre Kabinette begraben, um Gutes zu thun, ohne nach Auszeichnung zu jagen, einzig ihr Inneres zum Zeugen habend, wenn ihr die Ländereien allen Verbrechern wegnehmet und sie den Unglücklichen gebet: dann will ich anerkennen, daß ihr eine Revolution gemacht habet."

27. Die Legalität, gefördert durch den Schrecken, sollte Wunder von sittlicher Regeneration binnen der kurzen Frist von wenigen Jahren bewirken, da Gott seine Erziehung auf Jahrtausende berechnet hat, um die Menschen aus dem Verfalle zu erretten. Die Antwort, welche die Wirklichkeit auf diese Verheißungen gab, lautete nun freilich niederschlagend. Der von uns mehrgenannte Schriftsteller L. Stein bemerkt: „Das Elend in Frankreich war um diese Zeit groß und mitten in dem Lande, wo das Volksglück zum Princip aller Verfassung und Verwaltung erhoben war, drohte Hungersnoth und Verzweiflung in den Städten und auf dem Lande förmlich aufzureiben. Der Wohlstand war verschwunden, und wenn es Reichthum gab, so zeigte er sich nicht. Die Unternehmungen lagen darnieder; der Arbeiter hatte nichts zu essen, weil er nichts zu arbeiten hatte... Mehr als die Hälfte Frankreichs lag damals unbebaut, fast ohne Besitzer; die Assignaten waren für die Grundstücke der Emigrirten und der Kirche ausgegeben, aber sie waren ohne Werth" [1]. Das hier Gesagte wird durch eine Notiz veranschaulicht, welche uns ein Zeitgenosse von dem Nothstande in Paris nach dem Sturze Robespierre's gibt. Das bürgerliche Fasten, von Robespierre erdacht, wurde von seinen Nachfolgern bis zu einer Strenge getrieben, die alle menschlichen Kräfte überstieg. Nie hat ein Einsiedler unter dem Joche seiner Regel ein so strenges Fasten eingehalten, als es heute der freie Pariser übt. Einige Unzen Brod, oft weniger als zwei, dazu Brod von sehr schlechter Qualität, werden ihm für den ganzen Tag ausgetheilt. (Es war ein Gesetz gegeben worden, daß Jeder nur gegen einen Schein seine Quantität Brod vom Bäcker erhalte, und früh von 2—3 Uhr sah man den Bürger, weß Standes er auch sein mochte, sich vor dem Einlaßthor aufstellen, um seine Ration Brod zu erhalten. Wer mehr haben wollte, konnte nur schwer um 22 Francs ein Pfund haben. Die andern Lebensmittel stiegen im Verhältnisse. Ein Kapaun kostete 50, ein Schwein 1000, ein Sack

---

[1] I. 207.

Mehl 4300, ein gewöhnliches Pferd 15,000, ein Paar Schuhe 70 Livres [Francs] u. s. w.) „So leiden am Nöthigsten Jene, welche die Bastille gestürmt und den Thron gestürzt haben", rief ein Redner im Convent aus. M. Le Blond de Neuvéglise l. c. p. 322. „Ich vermache", also faßt dieser Schriftsteller in ein Testament von Robespierre die philosophische Glückseligkeit zusammen, „meinem Vaterlande die revolutionäre Regierung mit der Anarchie und dem Bürgerkriege im Innern und dem Kriege von ganz Europa nach Außen; dem Convent die oberste Gewalt, welche ich über die freien Franzosen mittelst der Guillotine handhabte, um seine Freiheit zu leiten; den Sansculottes das Recht über Leben und Tod gegen die Besitzer mit Ungestraftheit für alle begangenen und noch zu begehenden Verbrechen; den Einwohnern der Städte und ihrer Viertel die Militärübung und das bürgerliche Fasten; der Industrie eine ewige Ruhe und dem Handel die Assignaten; den Bauern die Requisition ihrer Pferde, ihrer Ernten, ihrer Arbeiten und ihrer Kinder; der Jugend die Unabhängigkeit, den Eheleuten die Scheidung; jedem Franzosen die Ausschweifung mit ihren Früchten; den Armen das Recht, sich mit allen Soldaten der Welt zu schlagen, überall Blut zu vergießen und im Spital zu sterben; als Religion hinterlasse ich die, welche ich selbst gemacht habe; als Priester die Männer des 2. September(-Mordes) und jedem Franzosen, der sich zur revolutionären Höhe erschwingt, die Ehre des Pantheons und den Ruhm, seine Asche mit der des götlichen Marat zu vereinigen." Fürwahr, diese Glückseligkeit war der Abgrund des Elendes.

28. Sollte Frankreich nicht zu Grunde gehen, so mußte es mit den Grundsätzen der Schreckensherrschaft, dem Bekenntnisse des consequenten Liberalismus, brechen. Seine moralische und physische Erschöpfung ließ es aber noch nicht zur völligen Umkehr, sondern nur zu einem erneuten Ringen der sich aufraffenden Besitzenden mit den Anhängern der Gleichheitslehre kommen. Die moralischen Güter sind schnell verloren, für die Einzelnen wie für die Völker, aber nicht ebenso schnell wieder gewonnen. Die sociale Krankheit der Gleichheitslehre war zu tief eingedrungen, und neue tödtliche Symptome stellten sich mit der Lehre von Babeuf, dem Vater der heutigen Communisten, ein. Er mit dem materialistischen Philosophen Sylvain Marechal im Bunde nahm die Bewegung da wieder auf, wo sie im Falle von Robespierre [1] erstickt schien.

---

[1] Nach Eckert („Magazin der Beweisführung für Verurtheilung des Freimaurer-Ordens als Ausgangspunkt aller Zerstörungsthätigkeit gegen jedes Kirchen-

„Die französische Revolution", sagte ein Manifest von Sylvain Maréchal, „ist nur die Vorläuferin einer viel größeren, viel ernsteren Revolution, die die letzte sein wird. Wir wollen nicht allein die Gleichheit, die in der Erklärung der Menschenrechte niedergeschrieben ist; wir wollen sie in unserer Mitte, unter dem Dache unseres Hauses. Wir geben uns ihr ganz hin, wir wollen alles Bestehende vernichten, um uns ganz an sie zu halten. Kein individuelles Eigenthum des Bodens mehr; der Boden gehört Niemanden. Wir fordern, wir wollen den gemeinsamen Genuß der Früchte der Erde; die Früchte gehören Allen. Lange genug, zu lange eignete sich eine Million Individuen dasjenige an, was mehr als zwanzig Millionen ihrer Mitmenschen, ihres Gleichen gehört. Verschwindet, ihr empörenden Unterschiede von Reichen und Armen, von Herrschern und Beherrschten! Der Augenblick ist gekommen, eine Republik der Gleichen zu gründen, dieses große gastliche Haus, das Allen geöffnet ist. Kommt herbei, ihr leidenden Familien, und setzt euch an den Tisch, den die Natur allen ihren Kindern gedeckt hat! Volk Frankreichs, öffne die Augen der Fülle deines Glückes, erkenne und verfünde mit uns die Republik der Gleichen!" [1]

29. Die Sprache der Communisten ist sich bis heute gleich geblieben, ihr Bekenntniß ist das verständlichste und faßbarste von allen liberalen Symbolen und wird deßhalb auch vom Volke sofort als der eigentliche Kern der Republik erfaßt. Ihm ist Republik soviel als Theilen. „Vor

---

thum, Staatenthum, Familienthum und Eigenthum mittelst List, Verrath und Gewalt" Schaffhausen bei Fr. Hurter 1857. I. S. 70 ff.) hätte Robespierre selber, unmittelbar vor seinem Sturze durch den Convent, mittelst einer großartigeren Proscription, als bis dahin stattgefunden, welche ungefähr 200,000 Menschen den Mörderbanden der Schreckensmänner überliefern sollte, die Gütergemeinschaft einführen wollen. Eine Proklamation fand sich bei ihm vor, in welcher der erste Satz des obigen Manifestes von Marechal sich wörtlich findet, und die andern Gedanken gleichfalls wiederholt sind. Der Uebergang von der reinen Demokratie zum Communismus wäre also hiernach ein ganz unmittelbarer. Das Auffinden der Proscriptionsliste habe den Convent aus seiner Lethargie aufgerüttelt und den Sturz von Robespierre herbeigeführt. Unterstützt wird diese Ansicht durch die socialistischen Elemente, welche die Erklärung der Menschenrechte von 1793 enthält, z. B. im Artikel 21: „Die öffentlichen Unterstützungen sind eine heilige Schuld. Die Gesellschaft schuldet die Unterhaltung den unglücklichen Bürgern, sei es, indem sie ihnen Arbeit verschafft, sei es, indem sie die Mittel zu existiren denen, die außer Stand sind zu arbeiten, verbürgt." In einem folgenden Artikel: „Der Unterricht ist Bedürfniß für Alle. Die Gesellschaft muß mit all' ihrer Macht die Fortschritte der öffentlichen Vernunft unterstützen" u. s. w.

[1] Bei Stein I. 196.

Allem keine Vertröstung auf das Jenseits mehr", ruft der Schneider Weitling in seinem „Evangelium für arme Sünder" [1] aus. „Die armen Sünder hoffen nicht auf den Himmel." „Aber auf die Zeit hoffen wir, in welcher der arme Mann nicht mehr um die Fristung seiner Existenz zu bitten und zu betteln braucht, sondern wie alle Uebrigen seinen Platz an der reichbesetzten Tafel der gütigen Mutter Natur gedeckt findet… wo Niemand mehr genöthigt sein wird, von dem Nachbar zu borgen… wo Niemand mehr die Sorge für seine Familie, für Kranke und Kinder allein übernehmen muß. Auf ein ewiges Leben, auf Vergeltung dort oben hoffen wir nicht." Diese Schrift und die zahlreichen Producte ähnlicher Art beweisen übrigens zur Genüge, daß der Communismus zunächst nichts Anderes, als eine Uebersetzung der Grundsätze der ungläubigen Philosophen des vorigen Jahrhunderts in eine gemeinverständliche Volkssprache ist; das Weitere sind ganz richtige Folgerungen. Ein Leben nach dem Tode gibt es nicht, keine Vergeltung, keinen Lohn und keine ewige Strafe. — Christus ist nicht der Sohn Gottes, er war vielmehr ein Geheimbündler, ein Communist, lautet eine ihrer Gotteslästerungen. — Nicht der Sohn Gottes, sondern der Mensch Jesus muß uns erlösen, heißt eine andere [2]. — Im Diesseits durch den Genuß irdischer Freuden, also durch Gütertheilung und Abschaffung der Obrigkeit, durch die Beseitigung der Vorrechtler oder Reichen und aller religiösen wie gelehrten Anstalten, die dem höchsten Gute des Volkes im Wege stehen, wollen die Communisten selig werden. Ihr Glaube ist im Grunde kein anderer als der der Menschenrechte. Die gütige Natur, die Mutter aller Dinge — denn ein Gott ist für sie nicht mehr vorhanden — hat

---

[1] Bern, Jenni 1845.
[2] In Vorträgen der „Gesellschaft zum Wege der Glückseligkeit", unter dem Vorsitze Buonarotti's, wurde diese Blasphemie also ausgedrückt: „Der Sohn Gottes konnte die Welt nicht erlösen; vielleicht ist die Lehre Jesus, des Menschen, im Stande, die Erlösung zu vollbringen!" „Der Weg, den wir gehen müssen, ist ein furchtbarer Weg. Wir wühlen die Tiefe des Menschenmeeres auf, bis die blutigen Wogen über den Häuptern der Gewaltigen und Reichen zusammenschlagen und sie ertränken." „Unsere Mission ist nicht die Erlösung Frankreichs allein! Die Armen ganz Europa's hoffen auf uns! Der Communismus kennt keine Nationalitäten. Das Reich unserer Zukunft muß ein Weltreich sein." Die große europäische Communistenverschwörung, Grimma 1849. S. 20, 23. Nach dieser Schrift stiegen die Communisten Ende März 1849 auf: c. 200,000 Mitglieder in 836 Gemeinden mit 2065 „Aposteln" und ihre Centralleitung befand sich damals in Paris, das selber 200 Gemeinden mit c. 10,000 Mitgliedern, darunter 1200 Deutsche und 300 Italiener, zählte.

Allen gleiche Ansprüche auf Alles gegeben; im Stande der Natur gab es nach ihnen keine Ehe, kein Eigenthum, jeder that, wozu ihn der Trieb führte, und nahm, was ihm unter die Sinne fiel; ebenso keine Strafe, keine Obrigkeit. Wer das Eigenthum eingeführt hat, hat ein Unrecht an Allen begangen, die Besitzenden sind also ebenso wohl Verletzer des Naturstandes der allgemeinen Gleichheit und Freiheit, als die einst politisch bevorrechteten Stände. Hat man diese als Frevler gegen die natürliche Gleichheit beseitigt, warum soll man bei den Besitzenden stehen bleiben? Die Logik ist schneidend. Ist der Liberalismus als Herstellung des Standes, den die Natur wollte, berechtigt, so ist es auch der Communismus; der Communismus ist deßhalb ein legitimer Sohn des Liberalismus. War ferner das Volk berechtigt, auf seine Souveränetät als ein unveräußerliches Recht zurückzugehen, um die politische Ordnung von ihrem Urstande aus nach Belieben umzugestalten, warum sollte es nicht auch als ein unveräußerliches Recht ansprechen, auf den Zustand der Güter zurückzugehen, der vor dem individuellen Eigenthum bestand, und die Art zu erwerben, zu besitzen und zu genießen festzustellen? Welchen Halt hat hiegegen der Liberalismus? Auf die Gebote Gottes, du sollst nicht stehlen u. s. w., kann er sich nicht berufen. Aber doch auf das Naturgesetz? Sehr wohl! Das bleibt stehen, aber wer legt es aus? Die Communisten sagen, wir haben soviel Unfehlbarkeit, als ihr Liberale, verstehen die Natur noch besser als ihr und haben die oberste Selbstbestimmung in Sachen der Grundrechte gerade durch euch erlangt. Hier ist nicht zu entrinnen auf dem liberalen Boden, die Communisten nur sind vollkommen consequent. Sie nehmen den Liberalismus an der äußersten Spitze der reinen Demokratie, welche die oberste Gewalt in das Volk zurückgehen läßt und jeden Aktivbürger zum Souverän macht; diese oberste Gewalt nun wollen sie in ihrem Sinne ausüben, als ein Verfügungsrecht nämlich über alles Eigenthum, sowie über die Arbeitskraft der Einzelnen. Auch war die reine Demokratie, obwohl sie das Privateigenthum im Princip aufrecht hielt, in der Praxis, durch Proscription und Staatsarmenfürsorge neue Besitzverhältnisse im Sinne der Gleichheit herzustellen, d. h. durch offenbare Eingriffe in das Eigenthumsrecht, vorangegangen. Und der Liberalismus? Wie verfuhr er mit dem Vermögen der Kirche, der Krone und des Adels? Hat die Staatsgewalt ein Recht, das Alles ohne weitere Titel der souveränen Nation zuzuerkennen, so kann das Volk ohne Bedenken das Gleiche dem Bürgerstand gegenüber vornehmen.

30. Also das communistische Princip ist eine legitime Folgerung aus liberalen Vordersätzen; es geht aber viel weiter in der Praxis. Wie dachte man sich diese? In seiner ersten Bekenntnißschrift, in dem Commentar des obigen Manifestes, hat der Communismus ungefähr folgende Grundsätze aufgestellt: Alles Eigenthum gehört dem Volk. „Jeder hat das Recht auf eine glückliche Existenz." Die Arbeit ist staatlich vorgeschriebene Pflicht Aller. Sie wird durch Gesetze geregelt. Die Gesetze sorgen auch dafür, daß die Arbeit gerne gethan wird. Die Genüsse sind gleich. Gleiche Wohnung, selbst gleiche Farbe in den Kleidern. Gleiche Erziehung. Die Verwaltung bestimmt den künftigen Beruf der Unmündigen, wie sie die Klassen der Bürger festsetzt. Grund und Boden bilden die Grundlage des Erwerbs. Alles, was an Kunst und Wissenschaft über das Nützliche hinausgeht, ist verboten, vorab alle theologischen Erörterungen und alle Schöngeisterei. Eine väterliche Gewalt gibt es nicht. Alle Städte werden beseitigt. Einen commerciellen Verkehr gibt es nicht. Die strengste Censur sorgt dafür, daß nichts gegen diese communistischen Grundsätze gedruckt werde. Niemand darf irgend welche Meinungen äußern, die dem Principe der Gleichheit entgegen stehen. — Das war die Fülle des Glückes, welches von den kurzsichtigen und undankbaren Franzosen verschmäht wurde. Sie sollten Alle ohne Ausnahme glücklich werden, und nur zuvor sich entschließen, unter Verzicht auf ihr Vermögen und das Familienleben, auf Conversation, Zeitungen und Modewechsel, in den Stand von Zwangsarbeitern einzutreten; das Zellensystem war damals noch nicht bekannt, sonst hätte es die sicherste Garantie für die individuelle Souveränität unter der Oberaufsicht eines communistischen Wohlfahrtsausschusses geboten. Das Ganze war ernst gemeint, doch selbst die Anhänger Robespierre's, der reinen Demokratie, erschracken und ließen sich nicht bewegen, der Gütertheilung mit ihrer allgemeinen Wohlfahrt beizutreten. Da Babeuf sich nicht von ihrer Partei trennen wollte, entwarf er ein neues Manifest, die „Analyse der Lehre von Babeuf", das ihren Beifall erhielt. Es wurde um die Mitte des April 1796 in Paris verbreitet und kann als die Grundlage dessen, was man heute Socialdemokratie nennt, sowie der socialistischen Systeme überhaupt, angesehen werden.

31. Der Grundgedanke ist, es soll allmälig durch die Staatsgewalt, auf dem Wege der Gesetzgebung und Verwaltung, die ökonomische Gleichheit der Staatsbürger, d. h. Gleichheit der Arbeit und der Genüsse, auf Grundlage der Gütergemeinschaft vorbereitet werden. Zunächst sollte

die Verfassung von 1793 wieder in's Leben eingeführt werden. Um das angebliche Naturrecht auf gleichen Genuß mittelst der gleichen Arbeitspflicht für Alle dreht sich das Ganze. Aufhebung des Privateigenthums, des Familienlebens und der Privaterziehung, sowie Proscription der Reichen, welche nicht gutwillig Vermögen und Freiheit opfern, sind Folgerungen. Der Zweck der Revolution, heißt es u. A., ist der, die Ungleichheit zu vernichten und das gemeinsame Glück herzustellen. Die Revolution ist nicht geendet, weil die Reichen alle Güter verschlingen und ausschließlich herrschen, während die Armen wie wahre Sklaven arbeiten, im Elende schmachten und im Staate nichts bedeuten. (Art. 10, 11.) Dieß ist überhaupt der Zweck der Staatsgesellschaft, „die im Naturstande herrschende, durch die Starken und die Schlechten angegriffene Gleichheit zu vertheidigen und alle gemeinschaftlichen Genüsse durch die gemeinsame Arbeit zu vermehren." (Art. 2.) Dieser Zweck ist von der Natur vorgeschrieben, wie das Mittel, ihn zu erreichen. „Die Natur hat jedem Menschen ein gleiches Recht auf den Genuß aller Güter gegeben." (Art. 1.) Die Natur hat Jedem die Verpflichtung auferlegt, zu arbeiten; Niemand kann sich, ohne ein Verbrechen zu begehen, der Arbeit entziehen. (Art. 3.) Die Arbeiten und die Genüsse müssen gemeinsam sein. (Art. 4.) In einer wahren Gesellschaft darf es weder Reiche noch Arme geben. (Art. 7.) Der Unterricht muß gemeinsam sein. (Art. 9.) — Die weitzielende und weitgediehene social-demokratische Verschwörung wurde indeß vereitelt. Die obersten Häupter Babeuf und Darthe endeten wie Robespierre. Der Rest verlor sich in die Geheimbünde.

32. Das Directorium von 1795, ernüchtert durch die schrecklichen Verheerungen, welche die Gleichheitslehre angerichtet, suchte in der Verfassung (August und September 1795) einen Rückzug zur gesunden Vernunft und selbst zur Religion. Die Menschenrechte sind ohne ihre revolutionäre Einleitung ergänzt durch Menschenpflichten; und sind auch noch viele revolutionäre Elemente aus der Gleichheitslehre erhalten, so ist es doch auch erfreulich, in den natürlichen Pflichten des Menschen einer moralischen Basis des Rechtes, der Achtung vor dem Gesetze und der Obrigkeit, und zwar einer aus religiöser Gewissenhaftigkeit entspringenden Achtung, und dem Grundsatz zu begegnen, daß man kein guter Bürger sein kann, wenn man nicht die Pflichten gegen die Eltern, die Kinder, die Verwandte, den Freund und den Gatten erfüllt. Die späteren Revolutionen in Frankreich von 1830 und 1848 haben ebenso

wenig als die socialistischen Schul-Theorien von Fourier, St. Simon und ihren Schülern, Enfantin, Pierre Leroux, Proudhon u. A. etwas grundsätzlich Neues zu Tage gefördert; in dieser Hinsicht stellen sie nur innerhalb des mit der ersten Revolution abgeschlossenen Kreises der liberalen Krankheitsbewegung concentrische Kreise dar; 1830 befreit sich das System von 1789—1791 mittelst der Arbeiter- und Geheimbünde theilweise von dem, was die Restauration zu seiner Mäßigung aufgebracht hatte; denn daß Frankreich im Kreise des liberalen Systems selber blieb, auch unter Ludwig XVIII. und Karl X., dafür hatten die Verbündeten im Einklange mit den Ueberresten des Jakobinismus und begünstigt von den historischen Rechten der Demokratie gesorgt; 1848 sehen wir ein mattes Wiederauftauchen der reinen Demokratie mit Socialismus, also Annäherung an 1793, aber die Herrlichkeit währte nicht lange. Die politische Vernunft und ihre Wohlthäterin, die Religion, sind schon zu sehr erstarkt in Frankreich, als daß die Ungeheuer der Revolution sich Hoffnung machen dürften, die Nation wieder im Großen zu bethören. Gefährlicher als solche Schilderhebungen sind die Schleichgänge der socialistischen Theorie, um die antisocialen Lehren mit dem bestehenden Rechte in Einklang zu bringen, Versuche, die, wie Lamennais' beklagenswerthe Verirrungen beweisen, selbst den erhabenen christlichen Socialismus der Liebe, der sich auf den Grundmauern der Gerechtigkeit in bürgerlichen Dingen erhebt, zu ihren Gunsten auszubeuten suchen [1].

33. Nicht um hier auf ein weites Feld zu führen, sondern um, was im Vorstehenden geschichtlich angedeutet ist über die Socialsysteme, zu leichterer Uebersicht in Begriffe zu fassen, verweilen wir einen Augenblick bei dem Unterschiede von Socialismus und Communismus, wie er sich

---

[1] Will man die ganze Erbärmlichkeit dieser Versuche durchschauen, welche den Socialismus der Urkirche und der Kirchenväter, d. h. die Opfer der freiwilligen Liebe für das Beste Aller, mit dem Socialismus der Materialisten und Gottesläugner, d. h. der zwangsweise vorgehenden Beraubung des Eigenthums und der persönlichen Freiheit, in Eine Linie stellen, so lese man, wenn man es über sich bringt, sich durchzuarbeiten, F. Villegardelle, „Geschichte der socialen Ideen vor der französischen Revolution, deutsch von Ludwig Köppen. Berlin. Adolph Rieß 1846." Ein seichteres und widerlicheres Machwerk ist uns nicht bald unter die Hände gekommen. Der liederliche „Bordellgeschmack", um mit Robert von Mohl zu reden (in dem lehrreichen Aufsatz: „die Staatsromane". Zeitschr. für die gesammte Staatswissenschaft. 1845. 1. Heft. S. 54), der modernen Weltverbesserungsversuche unmittelbar neben der himmelreinen, der Erde sich entringenden Begeisterung der Urkirche!

von unserer Grundlage aus darstellt. Der Liberalismus in allen Formen hat das Gemeinsame, daß er an der Hand der Gleichheitslehre vom Bestehenden wegführt, angeblich zu dem Urstand zurück, von welchem alles Bestehende ausgegangen sei, in der That aber zu einem selbstgeschaffenen Ausgangspunkt, der für die beabsichtigte Neubildung die günstigste Anknüpfung bietet. Will man nun Familie und Eigenthum, die natürlichen Schutzmauern der allgemeinen menschlichen Verbindung, nach der Gleichheitslehre umgestalten, so entstehen die socialistischen Systeme. Man fingirt mit Rousseau und den Utopisten einen Zustand der Gesellschaft, in welchem das Mein und Dein sich nicht ausgeschieden haben; in demselben sollten alle Erzeugnisse der Natur gemeinsam genossen werden und für die Fortpflanzung des Geschlechtes nichts als der wechselnde Trieb vorsorgen. Die radikale Anwendung dieser Fiction auf die bestehenden socialen Einrichtungen der Familie und des Eigenthumes, deren Auflösung durch Wiederherstellung jenes Ausgangspunktes, mit bloß negativem Verharren beim Ausgangspunkte, ist Communismus. Seine Basis ist, daß die Menschen im Wesentlichen nicht anders als die Thiere sich zu den Gütern und Genüssen des Lebens verhalten, und daß jede Gesellschaft zur Erlangung derselben die Gleichheit im Erwerbe und Genusse aufrecht erhalten müsse, sein Grundgesetz. Die Basis wie das Grundgesetz verstoßen direct gegen die menschliche Natur, die zu ihrer Erhaltung das Privateigenthum und die Familie mit auf den Weg bekommen hat und mit Beidem unter dem Schutze ihres Urhebers, Gottes, steht, weßhalb communistische Gesellschaftsordungen nur als Verirrungen des Menschen in Betracht kommen können. Eben deßhalb erregt auch der Communismus, wo immer er auftritt, das unheimliche Gefühl, etwas Unmenschliches vor sich zu haben, gegen das man sich mit allen Schrecken des Strafrechtes waffnen muß. Zudem erheben sich bei der Ausführung des Principes die größten Schwierigkeiten. Nach welchem Maßstabe sollen die Genüsse vertheilt werden? Nach den Bedürfnissen oder den Verdiensten? Wer schätzt jenes und dieses?

34. Der Socialismus glaubt nun, durch die Milderung in der Anwendung das Grundgesetz und die Basis des Communismus, als ein Ziel, dem man sich nähern müsse, zu retten. Auch er verwirft die von Gott angeordnete Gebundenheit des Menschen im Eigenthum und in der Familie, auch er emancipirt die Willkür des Fleisches vom höhern Sittengesetze, das in unsere Natur eingegraben ist: „Du sollst nicht ehebrechen, du sollst nicht stehlen." Aber er ist geduldig gegen das Bestehende, will

es nicht, wie die radikalen Communisten, mit Einem Schlage, sondern nur langsam, durch Unterwühlung der Rechtsbegriffe, auf dem Wege der Gesetzgebung, durch Lockerung der Sitte, durch schlechte Romane u. s. w. in's Werk setzen und bietet seinen Scharfsinn auf, um die unlöslichen Schwierigkeiten, in welche der Communismus sich verwickelt, zu umgehen, namentlich um ausfindig zu machen, nach welchem Principe die Güter an die Einzelnen zu vertheilen sind. Im Communismus tritt der „böse Same" des Bestialismus, zur nackten Brutalität entwickelt, auf, im Socialismus beobachtet er den Anstand und ist civilisirt. Der Communismus spricht offen aus, was er will: die Besitzenden sollen das Zellensystem mit den leidenden Brüdern tauschen, damit sie hungern lernen; der Socialismus liebt es, den Großmüthigen zu spielen, den „Staat" und das „Gesetz" vorzuschieben, wo es gilt, einen Gewaltstreich gegen die wehrlose Unschuld, sei es durch Raub oder sonstige Rechtsentziehung, zu führen [1].

---

[1] Die Socialphilosophen, welche den Gegensatz zwischen den beiden Systemen in der verschiedenen Stellung von Kapital und Arbeit suchen, hängen sich an diese Bemühungen der Socialisten und geben damit den gemeinsamen Boden zwischen den beiden Richtungen zu. Sie selber aber theilen gewöhnlich mehr oder weniger das falsche Grundverfahren aller liberalen Gesellschaftssysteme, von einer Theorie als dem höhern Rechte auf die Anfänge des Bestehenden zurückzugehen und dieses nach jener neu zu construiren; noch mehr: gewöhnlich legen sie dabei auch die sophistische und unnatürliche Theorie von der unveräußerlichen Freiheit und Gleichheit der Menschen als höchste Norm zu Grunde. (So zum Theil auch Fallati über Begriff und Wesen des Communismus in Robert v. Mohl's Zeitschrift für die gesammte Staatswissenschaft. Jahrg. 1847. 1. H. S. 292 ff.) Eben darum müssen sie die principielle Berechtigung dieser Socialsysteme, die doch eigentlich ein Socialböses, einfachhin Schlechtes, Unerlaubtes lehren, zugeben und sie als eine Theorie neben der andern, der Vertheidigung des Eigenthums- und Familienrechtes, des Socialguten, aufführen. Aber das Rechte und Gute stößt eine solche Gleichstellung mit dem Schlechten zurück und ist intolerant dagegen. Die Auffassung, welche der rechtmäßige Besitzer über sein Verhältniß zu seinem Eigenthum hat, ist, weil in Uebereinstimmung mit Recht und Moral, eine wesentlich andere als jene, die ein unrechtmäßiger Besitzer, mag er auch durch legale socialistische Operationen zum Besitz gelangt sein, in sich vorfindet. Der Letztere kann durch keinerlei Theorie die innere Stimme unterbrücken, die seine Handlungsweise verdammt, und mögen seine Gründe welchen Namen immer führen, es werden Sophismen bleiben, die nur in Zeiten der Corruption zur Geltung gelangen können.

„Alle gesellschaftlichen Fragen", sagt Fallati, „drehen sich um das Verhältniß des einzelnen Menschen zu den nothwendigen Bedingungen der Entwicklung seiner Persönlichkeit, sofern er hiebei mit andern Personen in Berührung kommt. Womit man es hier überall zu thun hat, das ist der Zusammenstoß der Persönlichkeit des einen mit der Persönlichkeit des andern, während beide dahin streben, sich im wirk-

§. 4. Ein Seitenstück aus der neuesten Geschichte der liberalen Theologie in Deutschland.

35. Auf den ersten Augenblick sollte es scheinen, daß von einem Liberalismus in der Theologie nicht die Rede sein könne. Denn Liberalis-

lichen Leben geltend zu machen. Diesen Zusammenstoß nicht sowohl möglichst zu vermeiden, als vielmehr in ein beiden Theilen ersprießliches Zusammentreffen zu verwandeln, ist die Aufgabe alles Thuns und Wissens in und von der Gesellschaft." Die Verschiedenheit der Wege zu diesem Ziele beruhe auf den verschiedenen Auffassungen von der menschlichen Persönlichkeit und ihren Forderungen. Den Einen gehe sie in dem einfachen Menschsein, dem allgemeinen Gattungscharakter, auf, den Andern drücke sie im Gegensatz hiezu die concrete Individualität, die sinnliche und geistige Eigenheit des Einzelnen aus; wieder Andere fassen sie noch concreter als historische Individualität, ausgestattet mit allem, was ihr Besitz im weitern Sinne des Wortes geworden ist. In diesen drei Formen, scheint es Fallati, sind die möglichen Auffassungen der menschlichen Persönlichkeit erschöpft. (A. a. O. S. 292 ff.) Bevor wir weiter gehen, ist dieser Grundlage, die eben die der liberalen Theorie vom Naturstand und der Freiheit und Gleichheit Aller ist, entgegenzuhalten, daß in Wirklichkeit die Personen nicht als solche oder als Menschen, sondern nach bestimmten Verhältnissen der Ueber- und Unterordnung u. s. w., kurz nach Rechten und Pflichten geordnet sich vorfinden, und daß, wenn Gott nicht also vorgesorgt hätte, keine liberale Theorie im Stande wäre, zu zeigen, wie der Zusammenstoß ersprießlich zu leiten sei, so wenig es einem Scheidekünstler gelingen wird, eine lebendige Pflanze, sei es auch nur ein Grashalm, zuwege zu bringen. Eben deßhalb ist der rechte Ausgangspunkt nicht die Einzelpersönlichkeit, sondern die in ihrer Natur ausgeprägte Ordnung. Die Voraussetzungen des Liberalismus schleichen sich hier überall unvermerkt ein. Gerade die Hauptsache an der menschlichen Persönlichkeit ist also in jenen Auffassungen außer Acht gelassen: ihre Natur und in Folge davon ihre höhere Bestimmung; und da diese Natur das Maß gibt für den rechtlichen und sittlichen Werth einer Handlung u. s. w. und selbst gebieterisch die Eingliederung der Persönlichkeit in reale, menschliche Verhältnisse fordert, so ist eine Persönlichkeit mit historischem, dem Rechte entsprechenden Besitz eben damit in einer ganz andern Stellung zur Gesellschaft als jene, welche bloß Persönlichkeit, d. h. ohne rechtmäßigen Besitz ist. Und nicht von der „Auffassung", sondern von diesen reellen Potenzen hängt das sociale Thun ab. Dieses nur nebenbei gegen den liberalen Doctrinarismus. „Nun", fährt Fallati fort, „an der ersten und dritten Auffassung haben wir zwei Extreme, das System der Ungleichheit und Gleichheit der auf individuelle Willkür (?) gebauten Ungleichheit mit ihren Freiheiten, die das Recht des Menschen als Menschen verkennt; und anderseits das der ebenso willkürlichen Gleichheit, welche sich auf die nackte Gattungseinheit stützt und das Recht der Individualität mißachtet. Die zweite Ansicht hält die Mitte. Sie steht im politischen Liberalismus den beiden Extremen gegenüber, im ökonomischen Leben als Socialismus zwischen der Theorie der positiven Nationalökonomie und den Communisten." Zwar regt sich dieser doctrinären Gleichstellung gegenüber das natürliche Rechtsgefühl, daß wer im Besitze ist, mit dem Andern, der durch Rückgang auf den Naturstand oder die Gattungseinheit,

mus bezieht sich auf die Stellung der Glieder einer Gesellschaft zu dieser, ist eine Lehre, wie die Organisation einer solchen mit der indivi-

---

statt durch redliche Arbeit, zum Besitze gelangen will, doch nicht in eine Kategorie gehört: „eine gewisse Berechtigung des historisch Gewordenen für die Gegenwart läßt sich nicht läugnen. Wen die Natur mit Vorzügen des Geistes und Körpers, wen die historischen Verhältnisse... mit Glücksgütern ausgestattet haben, der hat wenigstens die Vermuthung für sich, daß dieß dem Interesse der Gesellschaft nicht widerspreche." Allein mag es der Gesellschaft gefallen oder nicht, Eigenthum bleibt Eigenthum, und wer es „organisirt", bleibt ein Dieb, mag es socialistisch oder communistisch geschehen. „Das Menschenrecht", sagt Fallati, „um den Weg zur Gesellschaftsorganisation zu finden, fordert einen Platz, damit nicht die menschliche Persönlichkeit vernichtet werde"; ferner die Möglichkeit für Alle, daß sie sich „je nach dem Maß ihrer Kräfte Antheil erwerben können an den allgemeinen Gütern der Ehre, der Bildung, des Reichthums, der Macht." „Diese Möglichkeit kann aber nur durch eine Organisation der Gesellschaft erzielt werden, welche gleichweit entfernt ist von dem Grundsatz der bloß zufälligen Ungleichheit, wie von dem der bloß willkürlichen Gleichheit." (S. 297 ff.) Gehen wir hiegegen von der Natur aus, so ist eine solche Organisation schon gegeben und bloß da und dort in's Leben zu setzen, also der sociale Proceß, der nur nöthig ist, wo man philosophische Doctrinen verwirklichen will, wirklich überflüssig. Denn daß ein Mensch, der bloß die Gattungseinheit mit Andern besitzt, die bestehenden Rechte provisorisch mache, bis für ihn organisirt ist, diese Lehre ist doch gar zu drollig. Die Menschheit kommt dann nie aus den Provisorien heraus, weil jeden Augenblick, mit der Geburt eines Menschen, solche souveräne Ansprüche auf Neuorganisation der Gesellschaft entstehen. Das Princip ist also grundfalsch, es ist aber eine folgerichtige Anwendung der Gleichheitslehre auf den Besitz.

Sehen wir jedoch, wie sich unsere Socialisten classificiren. Auf dem historischen Standpunkt ist es nicht Aufgabe der Gesellschaft, „dafür zu sorgen, daß jeder Einzelne etwas erwerben und besitzen dürfe und könne" (muß vielmehr heißen, daß er erwerbe und besitze, ist Sache jedes Einzelnen, dafür hat die Gesellschaft nicht zu sorgen. Die Möglichkeit herzustellen oder offen zu erhalten, ist gewiß Aufgabe des Staates). Von dem entgegengesetzten Standpunkt aus „haben alle Menschen als solche das Recht auf die gleiche Consumtion" (Dogma der Communisten); daraus folgen dann die gleichen Pflichten zur Arbeit für Alle, die Beschränkung aller Arbeit auf diesen großen Fütterungszweck, ebenso des Kapitals, mit Aufhebung von Privatvermögen und Privaterwerb. Zwischen beiden nun treiben die beliebten elastischen Socialsysteme: „Ein ganz starres, der Gesetzgebung und der Forderung des Wohles Aller entzogenes Privateigenthum ist auf diesem Standpunkte ebenso undenkbar, als die gänzliche Loslösung des Individuums von dem historischen Boden, von dem das Eigenthum nur einen Hauptantheil bildet." S. 304.

Im Einzelnen: wird die Arbeitserzeugung als Maßstab der Vertheilung aufgestellt (es wird also das flüssig gewordene Privateigenthum bereits vertheilt), so ergeben sich folgende Grundsätze:

Einem Jeden (wird zugetheilt) nach seiner (physischen) Arbeit (Socialcommunismus);

duellen Freiheit und Gleichheit Aller, die aus dem Naturstande beibe=
halten wird, zu vereinigen ist. Theologie aber ist wissenschaftliche Dar=

---

einem Jeden nach seiner physischen und geistigen Productionskraft (communi=
stischer Socialismus);

einem Jeden nach seiner geistig-sittlichen Productionskraft, seiner Arbeit und seinem Kapital.

Oder es kann die Consumtion als Maßstab angelegt werden, dann entscheidet der innere Werth dieser Bedürfnisse für die Gesammtheit und es kommt auch die geistige Thätigkeit in Rechnung, und zwar je höher ihr Werth für die Gesammtheit ist; oder es werden beide Gesichtspunkte combinirt u. s. w.

Man sieht, die Grundlage des Communismus, das Princip, daß man auf die Gütergemeinschaft zurückgeht, als ein natürliches Recht der Gemeinschaft gegen den Einzelnen, wird nach Fallati im Socialismus nicht verlassen.

Hierin, in der Gleichheitslehre, findet Stein den Grundgedanken der socialisti=
schen Systeme, welche entstehen, sobald diese Lehre in den abhängigen Klassen zum Bewußtsein komme. Dieser Schriftsteller hat auch eine deutliche Kenntniß vom Zu=
sammenhang dieser Systeme mit der ungläubigen Philosophie. Wenn dem Men=
schen der Glaube an die himmlische Bestimmung geraubt ist und er auf dieser Erde Alles sucht, dann ist er reif für den Socialismus. Doch ist der Gedanke nicht gut benützt. Die Güter dieser Erde machen das höchste Gut des Menschen aus, lehren die Ungläubigen, wer soll ein Recht haben, ihm das, was ihm als Menschen zu=
steht, worin er von Natur mit allen Andern gleich ist, zu schmälern? Was der Glaube uns lehrt in Bezug auf Gottes Besitz, das wenden die Ungläubigen auf irdischen Besitz an; dieser ist nach ihnen von der Natur Allen bestimmt und zwar als Menschen in gleicher Weise. Nun zeigt die Erfahrung das Gegentheil und der Grund davon ist das persönliche Eigenthum. Also, schließen sie, muß das persön=
liche Eigenthum fallen. Das ist die erste Stufe der Gleichheitslehre in ihrer An=
wendung auf den Besitz. Es ist die roheste Form, wie sie in der Lehre des Com=
munismus auftritt: die Stoffe für die Production (die Naturerzeugnisse) gehören Allen, die Arbeit geschieht für die Gesammtheit, welche die Producte nach der abso=
luten Gleichheit vertheilt: Gütergemeinschaft und Eigenthumslosigkeit. Nun macht aber das System Einzelne zu Herrn der Arbeit (und das ist das Ideal der Com=
munistenführer: die Andern sollen für uns arbeiten) und die Andern werden voll=
kommen abhängig. Der Communismus muß mithin nicht bloß Armuth, sondern die drückendste Sklaverei erzeugen.

Diese Einsicht treibt die Denkfähigen über den rohen Communismus hinaus zu dem Socialismus. Im Communismus, sagen die Socialisten, herrscht noch das Kapital über die Arbeit; machen wir es (mit Beibehaltung der Grundlage der Gü=
tergemeinschaft) umgekehrt, die Arbeit sei das Herrschende, das Kapital selber ent=
steht ja durch die Arbeit. Jede Arbeit soll Eigenthum geben. Alle diese Systeme nun, welche die Arbeit über das Kapital erheben und sie zum ordnenden Princip der Gesellschaft machen, sind socialistisch. Allein auch diese Systeme leiden an einem innern Widerspruch, von der Grundlage ohnehin abgesehen. Um zu arbeiten, ist Kapital nöthig, und doch soll das Kapital von der Arbeit allein abhängen. Um Kapital zu erhalten, muß der Socialismus Vorschläge gegen das Privateigenthum machen, welche ihm die Besitzenden zum Feinde machen und seine innere Verwandt=

stellung des Glaubens, und diese scheint von aller Gesellschaft abzusehen, rein Sache der Einzelnen zu sein. Man kann, so scheint es, wohl von kirchlichem Liberalismus reden, denn die Kirche ist eine Gesellschaft mit bestimmter Verfassung; aber einen Liberalismus der Theologie scheint es nicht zu geben. Allein das ist ein Schein, der alsbald verschwindet, wenn man sich erinnert, daß Christus der Herr seine Lehre den Aposteln, unter Petrus als ihrem Haupte, zur Bewahrung und zur Bezeugung für alle Zeiten anvertraut hat, und daß auch in der Kirche die Lehrauctorität bis auf unsere Zeiten mit einer sehr festen und klaren Organisation sich erhalten hat. Diese Lehrauctorität, dem Gegenstande entsprechend, den sie dem Geschlechte zu erhalten hat, ist unfehlbar, und die Gläubigen nehmen an dieser Unfehlbarkeit nur soweit Antheil, als sie sich an die lehrende Kirche anschließen. Die Lehre nämlich ist göttlich geoffenbart und enthält Geheimnisse, welche die Kraft des menschlichen Verstandes übersteigen; zugleich hängt von ihrer Bewahrung durch die Kirche das Heil des Menschengeschlechtes ab, nachdem Christus der Herr dieselbe hiemit betraut hat. Deßhalb ist die Lehrauctorität der Kirche mit der Unfehlbarkeit ausgerüstet und der Anschluß an sie nothwendig, um nicht vom Wege des Heils abzuirren. Gesetzt nun, der Liberalismus lasse sich beikommen, auch auf diese höchste Auctorität auf Erden und ihre Ordnung sein Schemen von der Freiheit und Gleichheit, etwa im Namen der menschlichen Vernunft und der Wissenschaft, zu übertragen, so hätten wir den Liberalismus der Theologie. Da, ge-

---

schaft mit dem Communismus enthüllen. Auch bleiben die andern Schwierigkeiten, so, daß die Mehrzahl mit einer solchen Staatsordnung in eine leicht erkennbare Sklaverei ebenso gut als beim Communismus geriethe. Die Versuche aber, den Staat in's Mitleid zu ziehen, um Kapital zu erlangen, beziehungsweise sich des Staates und durch ihn des Eigenthums zu bemächtigen, führt zu den social-demokratischen Reformen, die Socialdemokratie aber, weit entfernt die Schwierigkeiten zu heben, vermehrt sie; denn, indem sie den Staat hereinzieht in das Erwerbsleben und ihn als Kapitalisten concurriren und zuletzt dominiren läßt, zerstört sie die freie Erwerbsthätigkeit, die sie schützen muß und macht alle Unternehmer zu Staatsarbeitern. Und wiederum hebt sie die Staatsordnung auf, indem sie dieselbe dem Interesse einer Klasse und zwar der ihrer Natur nach dienenden Klasse, auf Kosten des Gemeinwohls, unterwirft. Da aber hiemit die liberale Bewegung abgeschlossen ist, also in einer Sackgasse verläuft, ist auch dieser Theil ihrer Geschichte der Beweis des inneren Widerspruchs der ganzen liberalen Lehre. Ihre Grundlage verstößt gegen die Natur des politischen und ökonomischen Lebens, diese Grundlage aber, die Seele des Liberalismus, wie wir gesehen haben, ist das Festhaltenwollen der fingirten Gleichheit und Freiheit Aller im gesellschaftlichen Zustande.

nauer gesprochen, nur noch in der katholischen Kirche eine lebendige Lehr=
auctorität besteht, so kann auch nur in ihr solcher Liberalismus Platz
greifen.

36. Auch auf dem theologischen Gebiete werden wir seine charak=
teristischen Merkmale wahrnehmen; er wird also auf den Naturstand
zurückkehren, d. h. auf den intellectuellen Proceß der natürlichen Ver=
nunft, welcher dem Glaubensacte vorangeht, und Rechte derselben in
Anspruch nehmen, auf welche sie eben nach Gottes Willen durch die Un=
terordnung unter die kirchliche Lehrauctorität verzichtet hat. Die Wis=
senschaft des Glaubens ist den Gesetzen desselben und der kirchlichen
Auctorität unterworfen, die individuellfreie Forschung gehört dem Reiche
der Natur an. Verzichtet nun die Vernunft auf diese Autonomie,
so wird sie, weit entfernt verloren zu gehen, vielmehr gehoben und
vervollkommnet durch ein übermenschliches göttliches Licht. Die uner=
läßliche Bedingung dafür aber ist der kindliche Anschluß an die kirch=
liche Lehrauctorität und ihre Ordnung. Der Liberalismus aber will
sich dieser Hausordnung im Reiche des Glaubens nicht fügen, sondern
dieselbe den Aussprüchen individueller Vernunfteinsicht anbequemen. Die=
sen Sinn hat es, wenn er die Wissenschaft als frei von der kirchlichen
Lehrauctorität und ihrer Ordnung erklärt. Auch eine zweite Eigenthüm=
lichkeit des Liberalismus wird sich hier wiederholen, die mit der ersten
zusammenhängt. Im Politischen verschwindet durch den Liberalismus,
so weit er zur Herrschaft gelangt, das eigenthümliche Gut des Staates,
die innere Rechtssicherheit, die wahre Freiheit für Alle, und es tritt
an ihre Stelle die Sicherheit der Partei, der Genuß der Privatwillkür.
In der liberalen Theologie ist nicht mehr das göttliche Licht der Wahr=
heit Mittelpunkt und Endziel der Forschung, sondern das Licht des
gemachten Systemes, die Selbstbefriedigung der eigenen Vernunft, die
Geltung der Schule, die man gründen will, oder der man angehört.
Ein Name tritt an die Spitze, seine Auctorität verdrängt die Auctorität,
welche uns in der Kirche gebracht wird. Eine dritte Eigenthümlichkeit
wird sich nicht minder in den Stadien des Prozesses wiederholen. Erst
ist es die wissenschaftlich gebildete Vernunft der gelehrten Priester, des
gleichsam dritten Standes in der theologischen Gesellschaft, welcher sich
von der unfehlbaren Lehrauctorität zu emancipiren weiß und allenfalls
Glieder des höhern Adels in der Kirche, Bischöfe u. s. w. mit sich fort=
reißt; aber bald wird das Volk nachfolgen und Glaubensfreiheit für
den Einzelnen als ein Christen= oder gar Menschenrecht proclamirt werden.

Viertens wird man zwar im Anfange noch der Lehrgewalt eine gewisse Stellung in der Auslegung der Lehre überlassen, sie vorgeblich nur einschränken durch die Forderungen der Wissenschaft, d. i. der individuellen Vernunft; aber bald wird mit der Souveränetät der individuellen Vernunft voller Ernst gemacht und das Dogma, Christenthum und Offenbarung überhaupt ihrem Richterstuhl unterworfen werden. — In unserer Zeit wird schnell gelebt und darum werden diese Stadien ungemein rasch durchlaufen. Deßgleichen finden sich die wahlverwandten Elemente aus den verschiedenen Territorien des Liberalismus: Kirche, Staat, Wirthschaftsleben viel schneller zusammen und zeigen uns mit einem Schlag den inneren Zusammenhang von Geistesrichtungen, die geschichtlich sehr weit auseinander lagen. Nichts schien sich z. B. ferner zu stehen, als Gallicanismus und Demokratie; denn dort siegte die absolute Gewalt des Königs nicht allein über die geistliche Regentenmacht des Papstes, sondern triumphirte bereits in dem von der Hofluft zusammengewehten Conciliabulum, das die gallifanischen Artikel als unfehlbare Norm aufstellte, über die Lehrgewalt des Papstes. Und doch war diese absolute Staatsgewalt, die alles ständischselbstständige Leben zermahlte und unterhöhlte, die eigentliche Hochschule der Revolution, die ihr Werk nicht etwa umstieß, sondern vielmehr vollendete [1]. Oder wer hätte vorausgesetzt, daß die Jansenisten, diese vorgeblich strengen Vertheidiger des reinen Evangeliums gegen das laxe Papstthum, als Bundesgenossen der Ungläubigen zum Sturze der Kirche und beim Anrennen gegen das Christenthum sich auszeichnen würden?

37. Heute sind diese Bündnisse historische Errungenschaften, die sich von selber verstehen, und ein recht lehrreiches Beispiel dieser Art bietet die Schrift eines liberalen Katholiken über die Encyclica vom 8. December 1864 [2], der sich zunächst die Aufgabe gesetzt hat, die Position der liberalen Theologie oder die Rechte der freien Wissenschaft in Sachen des katholischen Glaubens gegen den Papst zu vertheidigen, bei diesem Bestreben aber unvermerkt in den bodenlosen Abgrund der vagen Rousseau'schen oder Freimaurerischen Menschheitsreligion versinkt, also alle Zwischenstadien vom Jansenismus und Gallicanismus bis zum Menschheits-

---

[1] Alexis von Toqueville. L'ancien régime et la révolution. Paris. 1862.
[2] Beleuchtung der päpstlichen Encyclica vom 8. December 1864. An den Klerus und das Volk der katholischen Kirche von einem Katholiken. Leipzig. F. A. Brockhaus. 1865.

cult à la Robespierre in einem Nu durcheilt. Er eröffnet hiezu die Perspective, wenn er im Vorwort erklärt, das Christenthum sei durch den Papst und die Encyclica in Gefahr gebracht. „Es handelt sich um das Christenthum, das ein allgemeines Gut der Menschheit ist, das Jedermann gehört" (also auch den Juden? Rongeanern?), „auf welches Jedermann ein Recht und gegen das er auch Pflichten hat; daher er auch dasselbe gegen Verunstaltung und Mißbrauch zu schützen und zu wahren hat, wenn es ihm bedroht erscheint" (VII.). Bald darauf vernehmen wir, daß dieses Christenthum dann zur Herrschaft kommt, wenn „das äußerliche Wesen der Kirche entbehrlich erscheint und die Religion innerlicher und christlicher werden kann." Eben deßhalb ist es ein schweres Mißverständniß, was der Verfasser behauptet, „daß (zur Zeit) das Christenthum gleichsam als ein Privateigenthum der römischen Curie, des Papstes und der ultramontan-jesuitischen Partei betrachtet und behandelt werde", was die Katholiken nach ihm nicht zugeben sollten. Aber sollte der Papst eine Religion, die sich für überflüssig erklärt, als sein Privateigenthum behandeln? Der Papst ist zu klug, um einen solchen Hausfreund zu dulden; es ist auch leicht zu erfahren, daß ein Christenthum, welches rechtmäßiges Eigenthum der Loge ist, vom Papst mit dem Anathem belegt, also von den Ultramontanen nicht mit dem kleinen Finger berührt wird. Der Verfasser hatte also nicht nöthig, sich zu erhitzen; sein im Dunstzustand herrschendes Christenthum läßt Jedermann katholischerseits in Ruhe, deßhalb wird der Aufwand einer Encyclica sicher nicht gemacht. Die Kirche hat es längst gerichtet und wird höchstens Unerfahrene warnen, sich von lügenhaften blendenden Phrasen nicht in's Verderben locken zu lassen. Der Verfasser der „Beleuchtung" ist indessen sicher nicht mit einem Schritte zu diesem kläglichen Austausche des göttlich geoffenbarten, der Kirche anvertrauten Christenthums mit der Ausgeburt einer verwüsteten Freimaurerphantasie herabgesunken, wir können vielmehr die verschiedenen Ruhepunkte seines Falls mit Leichtigkeit unterscheiden.

38. Zuerst entdeckte er, daß die freie Wissenschaft in der Kirche nicht zum Rechte komme; die dogmatischen Entscheidungen der Kirche, die Auctorität, welche diese ihren bewährten Lehrern einräumt, erschienen ihm als das Haupthinderniß; er sah in ihnen nichts als menschliche Producte, und zwar selbstsüchtiger Umtriebe einer Partei, und die Encyclica mit Syllabus hat ihn hierin bestärkt. Steht aber nur Partei gegen Partei, warum nicht die der eigenen Vernunfteinsicht, der Ver-

nunft schlechtweg, der fremden, dem Auctoritätswahn vorziehen? Sind im Politischen die bestehenden Zustände ein Werk purer Gewaltthat, denen die Gewalt des Volkes entgegentritt mit sicher unveräußerlichen Rechten, warum nicht dem Volke beitreten? Der Fall ist analog. Die Rechte der Vernunft sind unveräußerlich, die in der Kirche geschehene dogmatische Entscheidung ist ein unberechtigter Parteisieg gegen die Vernunft. Die Encyclica ist ein „Parteimanifest", „bringt den Katholicismus in Gefahr, unter unsern politischen und wissenschaftlichen Verhältnissen zur Secte herabzusinken und der Parteibornirtheit zu verfallen" — in specie der „ultramontan-jesuitischen Partei". Näherhin ist es das „Streben und Treiben der Jesuiten", was zum päpstlichen Erlaß führte. Nach dem Exil in Gaëta wußten sie sich Gehör zu verschaffen bei dem vormals liberal gesinnten Papste. Sie eröffneten in der Civiltà einen Kampf gegen die moderne Philosophie und wußten die schwache Seite des Papstes, seine Vorliebe für die Immaculata conceptio, auszubeuten, und so haben sie ihn gewonnen, daß er dem Rationalismus gegenüber „die Richtung der Scholastik und ihrer Hauptverfechter, der Jesuiten", aufrecht erhalte; eine „Parteiansicht", welche bisher als solche galt, nunmehr „als allgemeine Lehre und Norm der Kirche" geltend mache und vorschreibe; mit Einem Worte, es ist offenbar „durch eine Partei die päpstliche Auctorität ausgebeutet und für ihre Zwecke mißbraucht worden". Die Unfehlbarkeit ist nichts anderes, als Anspruch auf die Herrschaft der Partei[1]. Ganz das Verfahren der Irrlehrer früherer Jahrhunderte! Die Liberalen handeln nicht anders als die Marcioniten, Nestorianer, Pelagianer u. s. w. Sobald diese getroffen waren vom Bannspruche des Papstes, waren es nur die Umtriebe ihrer Gegner, die gesiegt hatten, nicht die Kirche, welche sie verdammte. Aber die Encyclica ist und bleibt ein dogmatisches Urtheil und Niemand wird, so lange die Welt auch noch stehen mag, an dieser Thatsache etwas ändern, so gewiß die Nestorianer u. s. w. seit dem Urtheile des Papstes Cölestin verurtheilt geblieben sind.

39. Gehen wir von den persönlichen Schmähungen zu sachlichen Einwürfen. Die Achtung des modernen Liberalismus soll, so wird behauptet, „überall die Bildung einer liberalen katholischen Richtung in Wissenschaft und Politik verhindern und wo sie schon besteht, sie wieder zerstören"[2], wozu wir nur Amen! sagen können. Denn die Theologie

---

[1] A. a. O. V. VI. VII. 46. 58. 61. 84.   [2] S. 3.

ist das feinste Gebilde in der Kirche, der Liberalismus aber Auflösung, also Auflösung jenes edelsten und tiefstliegenden Gliedes, die furchtbarste Zerstörung in der Kirche. Möge Gott den hl. Vater wie bisher mit der Kraft von Oben ausrüsten, um diesen schrecklichen Schaden von der Kirche abzuwenden. Also einverstanden! Die eigentliche Spitze der Encyclica und des Syllabus ist gegen den Liberalismus, zunächst in der Wissenschaft, gerichtet. Was folgt hieraus? Die Wissenschaft überhaupt, meint unser Gegner, wird unmöglich. „Denn", sagt er, „der 2. Paragraph des Syllabus ist deßhalb von besonderer Wichtigkeit, weil er am meisten die menschliche Vernunft und Wissenschaft einschränkt und bindet, dieselbe vollständig unter kirchliche Herrschaft stellt und eigentlich unmöglich macht." „Ein ganzes Gebiet geschichtlicher Thatsachen", „nämlich das der specifisch christlichen Lehren" soll der Vernunft „geradezu verschlossen sein". „Der Papst bestimmt der Wissenschaft gegenüber, welches deren Gegenstände, deren Grenzen, Princip und Methode sein sollen." „Er schreibt auch der Wissenschaft den Dienst vor, welchen sie der Kirche zu leisten hat. Daher ... nicht bloß die wissenschaftlichen Forscher, sondern die Wissenschaft selbst zur Unterwerfung unter die kirchliche Auctorität (den Papst mit seinen Theologen) aufgefordert wird"[1]. Gut, angenommen, es sei in keinem Ausdrucke Schiefheit oder Uebertreibung, was folgte aus all' dem? Daß die Theologie eine ganz andere Art von Wissenschaft ist, als die natürlichen Wissenschaften, keineswegs aber, daß sie unmöglich sei. Finden wir ja auch bei diesen, in der Geometrie z. B. und in der Logik, normative Ausgestaltungen, die Jahrhunderte lang gegolten haben, ohne daß sie deßhalb den Rang der Wissenschaft verloren hätten. Also gesetzt, die Kirche hätte eine Form kirchlicher Wissenschaft gefunden, die ihr besonders zusagte und für besser gälte, als jede andere, wer will dann die höhere Geltung derselben in den Augen der Kirche verargen? Wer indessen die Thesen des §. 2 mit den ausgehobenen Anklagen zusammenhält, wird bald finden, daß hier, wie nahezu überall, wo der Verfasser die Encyclica im Auszug wiedergibt, Uebertreibungen, beziehungsweise Entstellungen, sogar manchmal in höchst auffallender Weise, an der Tagesordnung sind. Hängt das mit dem Standpunkte zusammen? ist es auch eine der gebieterischen Forderungen der liberalen Vernunft, daß die Wahrheit nicht zum Worte kommen darf? Der Beweis, daß die Theologie keine Wissenschaft sei, weil

---

[1] A. a. O. S. 45 ff.

der Papst, der mit dem Wächteramt über den Glauben betraut ist, sie unter seiner obersten Aufsicht hält, ist nicht geführt; wohl aber ein Merk= mal für liberale Theologie aufgestellt, welches nicht übersehen werden darf. Die „Beleuchtung" verübelt es dem Papste, daß nach ihm ein ganzes Gebiet geschichtlicher Thatsachen der Vernunft geradezu verschlossen sei; sie meint wohl die Thatsachen der Menschwerdung aus der Jung= frau, das Sühnopfer am Kreuze, das eucharistische Wunder am Abend vor dem Leiden und andere christliche Glaubenslehren mehr. Subtra= hiren wir die Entstellung, welche auf die liberale Ausdrucksweise fällt, indem der Papst bloß lehrt, die menschliche Vernunft, auch die hi= storisch ausgebildete, vermöge aus natürlichen Kräften nicht zu einem wahren Wissen über alle, auch die verborgenen Dogmen zu gelangen [1]; wie kommt der Verfasser dazu, die behauptete Ueberrvernünftigkeit der Dogmen, jener geschichtlichen Thatsachen, zu bekriteln? Er muß es aller= dings, wenn er eine in liberalem Sinne freie Wissenschaft vertheidigt, d. h. eine rein auf die natürlichen Kräfte der Vernunft sich stützende Wissenschaft. Also, wie kann er als Katholik in der Theologie liberal sein? Und an wen wendet er sich, wenn er zum Gerichte über den Papst auffordert, daß derselbe nicht gleichfalls liberal sei; daß der Papst, wie S. 50 ff. bemerkt wird, das Gebiet der christlichen Glaubenslehren „als ausschließliche specielle Domäne der Theologie oder eigentlich der kirch= lichen Auctorität erklärt" habe; daß nach dem Papste auf diesem Ge= biete des Glaubens „die Philosophie immer nur Dienerin der Theolo= gie ist"; „daß dadurch das Uebergewicht und die Herrschaft der kirch= lichen Auctorität und ihrer Theologie für immer der Wissenschaft gegen= über gesichert ist"? Aber, welcher nur einigermaßen in seinem Katechis= mus bewanderte Katholik findet nicht all' das in bester Ordnung? Also noch einmal, vor welches Forum citirt die „Beleuchtung" den Urheber des Syllabus? Wir wollen es sagen: nicht einmal Christen mehr sind es, an welche sich die „Beleuchtung" wendet, es sind Leute, die den Glau= ben abgeschüttelt und die schwache menschliche Vernunft für souverän, auch in Sachen der Religion, erklärt haben. So tief ist ein Talent, dem es an Scharfsinn nicht gebricht, durch die liberale Theologie ge= fallen. Und wähnte Jemand, wir thun dem Verfasser darin Unrecht, so lese er die gotteslästerlichen Studien über das, was der Verfasser „Jesus" nennt [2] und über die allerseligste Jungfrau, worin wir aber

---

[1] Syllab. 9. These. [2] S. 38 ff.

nur das klägliche Geistesproduct von Geheimbündlern, eines Marr z. B. oder eines Weitling und Genossen wieder erkennen, so daß wir versucht waren, den Verfasser der „Beleuchtung" für einen schlauen Betrüger und Sendling der christusläugnenden Rotte anzusehen, der sich für einen Katholiken ausgebe und unter diesem Deckmantel an Katholiken wende. Nur die deutlichen Spuren von Kenntniß katholischer Zustände drängen zu der traurigen Annahme, daß hier der Fall eines Mannes vorliegt, der mit der verblendeten Vorliebe für eine eigene, als unfehlbar angesehene Meinung begann, zur Erhebung über die wirklich unfehlbare richterliche Auctorität der Kirche fortschritt und folgerichtig mit völliger Erblindung des Geistes über den Glauben und seine Geheimnisse endete.

40. In diesem Dunkel tappt der Verfasser der „Beleuchtung" umher und sucht Bundesgenossen. So kommt er zu der zweiten Stufe seines jetzigen Standpunktes, zu der Ansicht aller Despoten, welche je die Kirche verfolgt haben, daß der Papst es auf Knechtung der Staatshoheit abgesehen habe, weil er die friedliche Eintracht zwischen Staat und Kirche als wünschenswerth und segensreich für beide Ordnungen gegen ihre gemeinsamen Feinde erklärt hat. Die Encyclica „hat es ihrem wesentlichen Inhalte nach damit zu thun, die unbedingte Macht der Kirche, resp. des Papstes über den Staat zu verkünden, dessen durchgängige Unterordnung unter die kirchliche Gewalt zu fordern und alle gegentheiligen Grundsätze zu verwerfen"[1]. Es ist wieder ein liberales Referat, also halten wir uns nicht dabei auf, daß jeder Satz eine Entstellung der Wahrheit aufführt; wir wollen nur constatiren, daß der liberale Feind der unfehlbaren Lehrgewalt zu den erbittertsten Feinden der kirchlichen Freiheit in Ein Lager getrieben wird. Im fünften Paragraphen des Syllabus ist „nicht bloß die vollständige Freiheit oder Unabhängigkeit der Kirchengewalt vom Staate ausgesprochen, sondern auch die vollständige Unterordnung der Staatsgewalt unter die Kirchengewalt, so daß jene nur soviel Rechte noch behält, als ihr diese übrig zu lassen für gut findet"[2]. Im Syllabus oder der Encyclica wird man vergebens eine Grundlage hiefür suchen, aber weil es unerläßlich zu sein scheint für den Verfasser, die Hauptpunkte zu entstellen, so müssen wir es eben hinnehmen. Sehen wir nun, welche practische Folge auf dieses liberale Referat gestellt wird: „Unter diesen Umständen bleibt nichts anderes übrig, als daß die moderne Gesellschaft und der Staat sich selbst helfen

---

[1] S. 12.   [2] A. a. O. S. 63.

und schützen vor der von Rom versuchten geistigen Vergewaltigung und vor der Hemmung der geistigen Entwicklung. Der Staat muß daher das Organ werden, die Wohlthaten der Wissenschaft und Bildung der Menschheit [1] zu vermitteln." Civilehe, volle Glaubensfreiheit und von der Kirche emancipirte Wissenschaft, namentlich aber Katholikenverfolgung wird den Rittern vom Geiste empfohlen, wahrscheinlich damit sie sich des gefangen gehaltenen neuen Christenthums wirksam annehmen. Das wäre am besten an die Spitze gestellt worden. Apostasie, Lüge, Gewaltthat und Christenverfolgung halten nebeneinander: „Man klagt", schreibt der Verfasser, „daß die Liberalen dem Ultramontanismus (d. h. der katholischen Kirche) ... nicht auch liberal seien, sondern ... Verbot und Schrankensetzung für berechtigt halten. Das scheint eine Inconsequenz... Allein es ist doch selbstverständlich, daß die Liberalen gerade den Feinden des Liberalismus gegenüber sich selbst schützen müssen." U. s. w. Uns kommt das nicht als Inconsequenz, sondern als Enthüllung des innern Wesens des Liberalismus vor. Er ersetzt die Herrschaft des Allen gleichen Rechtes durch die Herrschaft der Partei und gehört zu den intolerantesten Systemen, versteht sich in volltönenden Phrasen.

41. Die dritte Stufe entspringt aus der Erkenntniß, daß in diesem Toben gegen die Kirche auf wohlgeordnete Regierungen kein Verlaß sei, da dieselben zu gut erkennen, daß die Kirche ein conservatives Institut und weit entfernt davon ist, in die staatliche Autonomie eingreifen zu wollen, vielmehr alle moralische Kraft aufbietet, dieselbe recht stark zu wissen. Deßhalb bleiben die „Völker" der letzte Stützpunkt des Liberalismus. Er denuncirt diesen nunmehr, die Sprache flugs ändernd, die Kirche als eine Verbündete der Tyrannei, d. i. der Monarchie, um vereint die Volksfreiheit zu knechten. „Die Encyclica wendet sich gegen das Recht des Volkes, auch einen Willen zu haben", es ist „offenbar auf die Art und Weise angespielt, durch welche Napoleon mittelst der Volksmacht und Stimmenmehrheit der Volksabstimmung seine Herrschaft begründet hat" [2]. Seinem Systeme getreu, in die Encyclica hinein zu lesen, was er zu widerlegen für gut findet, declamirt der Verfasser ein Breites über den Absolutismus, dem die Encyclica das Wort rede, und die Wohlthat der öffentlichen Meinung, als ob die Encyclica je den Ab-

---

[1] Freiheit, Bildung und Wohlstand für Alle! Struve.
[2] S. 25.

solutismus zu begünstigen gedenke, den sie eben sowohl in den Fürsten als in den Kammermehrheiten bekämpft, und als ob sie irgend eine rechtmäßig bestehende Verfassungsform oder einen verfassungsmäßigen Antheil des Volkes an der Gesetzgebung, wo er besteht, oder die Wohlthätigkeit einer von gesunden Grundsätzen geleiteten öffentlichen Meinung bestritte. Allerdings die Dogmen der Liberalen, daß nur der Volkswille souverän sein dürfe, daß diese Souveränetät unveräußerlich sei, daß die öffentliche Meinung an die Stelle des ewigen Rechts trete, sind mit dem Naturrecht ebenso wenig als mit der Offenbarung vereinbar; solche Grundsätze aber der Kirche verübeln, zeigt, mit der Encyclica zu reden, daß, „sobald die Religion" von Jemanden verworfen ist, „und die Lehre und das Ansehen der göttlichen Offenbarung verschmäht", dann „auch der ächte Begriff der Gerechtigkeit und des menschlichen Rechts sich verdunkelt und verloren geht." Mit andern Worten, der Liberale, dessen Geist von der Kirche apostasirt, wird in politischen Dingen sicher ein Revolutionär und nur zufällige Umstände und geistige Capacität entscheiden darüber, wo er Halt machen werde, ob bei den Blauen oder den Rothen, bei den Socialdemokraten oder Communisten. Die eigentliche Domäne aber wird immer der Versuch bleiben, alle religiöse Auctorität zu zerstören und die allgemeine Toleranz nicht etwa als einen durch faktische Verhältnisse gebotenen Zustand, sondern als etwas in sich selber Gutes, ja moralisch Gebotenes zu vertheidigen.

42. Der Indifferentismus, mit andern Worten der Versuch, die Auflösung jeder religiösen Pflichttreue außer sich herzustellen, um durch den allgemeinen Schiffbruch an Grundsätzlichkeit den eigenen zu bedecken, und das mit einer Gewissenlosigkeit, als ob es keine Seele zu retten gäbe, als ob die ernste Wahrheit über die Höllenstrafe dadurch, daß man sie verachtet, aufhörte, Wahrheit zu sein: das ist die vierte Stufe, auf welche der grundsätzlich Liberale herabsinkt. Vor den gehäßigsten und perfidesten Anschuldigungen scheut die „Beleuchtung" nicht zurück, um hier zum Ziele zu gelangen. Sollen wir ihr hierin folgen? zeigen, wie sie die außer der Kirche stehenden christlichen Bekenntnisse aufzureizen sucht, als stelle der Papst, wenn er in katholischen Staaten die Aufrechthaltung der Schutzpflicht für die bestehende Religion begehrt und die Katholiken von der Pest des Indifferentismus abhält, eine Forderung auf, „durch deren Erfüllung in allen Ländern Europa's der Religionshaß neu erwachen, allenthalben der Friede gestört, Feindseligkeit und Verfolgung beginnen müßte von Seiten der Katholiken — und sicher

dann seine volle Vergeltung fände von Seiten der Protestanten". Es gehört diese, wie immer auf Entstellung der Wahrheit beruhende, wahrhaft nichtswürdige Aufhetzung, die durch die Jahrhunderte lang in katholischen Staaten nicht mehr als in protestantischen bestandene Ausschließlichkeit hinlänglich beleuchtet wird, zu der schon berührten Verfolgungssucht, und man muß ihr zugestehen, daß das Mittel dem System an innerem Werthe ebenbürtig ist. — Sollen wir der Declamation auf den Grund gehen? "Nein, der Grundsatz der Gewissens- und Cultusfreiheit ist kein Wahnwitz, er ist die allein vernünftige Grundlage des wahren Glaubens, der reinen, freien Ueberzeugung, während das Gegentheil beides unmöglich macht." Hiernach gäbe es erst seit den Menschenrechten wahren, möglichen Glauben, freie Ueberzeugung, und die Christen müßten Freimaurer werden, um den wahren Glauben zu ermöglichen! Die Vermischung der innern Wahlfreiheit mit der äußern Rechtsfreiheit ist zu kläglich, um sich hiebei aufzuhalten. — Zuletzt kehrt die "Beleuchtung" zu dem Anfang zurück. Der Verfasser kündigt dem Papstthum einen Krieg auf Leben und Tod an. Der Papst hat gut getroffen, das lernen wir daraus. Es haben sich schon andere Apostaten am Felsen Petri versucht und — die Köpfe eingerannt. "Die Wissenschaft und die Bildung der neueren Zeit wird ... nicht mehr bloß diese oder jene Lehre des römischen Papstthums bestreiten, diese oder jene Forderung ablehnen, sondern das römische Papstthum als solches zum Gegenstand der Bekämpfung wählen"[1]. Glaubt der Verfasser damit etwas Ueberraschendes vorzubringen? Er blicke um sich, auf seine Kampfgenossen! Das Papstthum ist von allen Seiten angegriffen, aber wohlgemerkt, im Angriffe noch ist seine Erhabenheit anerkannt! Es ist angegriffen als der Hort aller Güter der Menschheit, der Wahrheit, des ewigen Heils, der Monarchie, des Rechtes überhaupt, der Familie und des Eigenthums, von den Ungläubigen, den Umstürzlern, den Socialisten und Communisten. Gibt es eine glänzendere Rechtfertigung als die, die Feinde der menschlichen Gesellschaft zu seinen unversöhnlichen Widersachern zu haben?

§. 5. **Die Bestrebungen der Liberalen, Communisten und Socialisten in den letzten Jahrzehnten.**

43. Die Erhebung der italienischen Liberalen im Jahre 1821 war noch nicht lange erstickt, als ein Funke derselben in einem unbedeutenden

---
[1] S. 70—71.

Wochenblatt von Genua, dem „Anzeiger" vom Juni 1828, wieder sichtbar wurde [1]. Ein Jüngling von 23 Jahren erklärte darin dem monarchischen Systeme in Europa den Krieg; und dieser Jüngling hat Wort gehalten. Joseph Mazzini, das war sein Name, frühzeitig in die Geheimnisse der Carbonaria eingeweiht, mußte zwar seine Organe wechseln; der Anzeiger von Genua hörte nämlich auf zu erscheinen und gleiches Schicksal hatte der von Livorno, den sein Freund Guerazzi 1829 gegründet hatte; aber sein Muth nahm nicht ab. Dieß beweist sein im Jahre 1831 erschienenes Schreiben an Carl Albert (Lettera di un Italiano a Carlo Alberto di Savoia), worin auf das Wort Carl Alberts, des vormaligen Carbonari: der König wird halten, was der Prinz versprochen hat, Bezug genommen ist. Mazzini prophezeite: Carl Albert werde entweder der erste unter den Menschen [2], oder der letzte unter den Tyrannen sein. Dem savoyischen Aufstand, der in diese Zeit fällt, war Mazzini nicht ferne; er war es auch, der in Abzweigung von der Carbonaria, welche um 1819 schon 642,000 Mitglieder besessen haben soll, den Plan zum „jungen Italien" entwarf und in der gleichnamigen Zeitschrift ihre Grundsätze vertheidigte. Durch die Energie des Fürsten Metternich und italienischer Fürsten wurde es Mazzini unmöglich gemacht, sein literarisches Wirken für die demokratische Revolution in Italien fortzusetzen; wir finden ihn bald hernach auf Schweizer Boden, wo er die Bundesacte von Bern (15. April 1834) zuwege brachte, die gleichsam ein Krystallisationskern für das revolutionäre Europa und zugleich ein Beweis war, daß der junge Agitator den Katechismus Robespierre's, die Erklärung der Menschenrechte, gut begriffen hatte. „Die Revolution", sagt unser Gewährsmann mit Recht, „ist der Partei, in welcher Mazzini bereits die Führerschaft übernahm, Religion; für das von ihr erträumte Heil der Menschheit ist kein Opfer zu groß, und

---

[1] Civiltà Catt. Jahrg. 1861. 4. Serie. 10. Bd. 160 ff. Nach dem mazzinistischen Tagblatte Piovano Arlotto. Juli, August, September 1860 im Auszuge. Außerdem benützten wir eine fleißige, im MS. vorhandene Sammlung von Acten, welche uns zur Verfügung stand und alle Gewähr der Genauigkeit und Gewissenhaftigkeit hat.
[2] Die Geheimbündler lieben es, sich Menschen zu nennen, im Gegensatze zu denen, welche willig in der dreifach gegliederten Gesellschaft unter der Herrschaft Gottes leben. Wir erinnern an das in der Einleitung berührte Gesetz, daß die Lüge Meisterin ist bei ihrer Namengebung. Also die Menschen fangen an, wenn die Revolution mit der Menschlichkeit aufgeräumt hat!

sollte die Generation darüber im Blutbade aufgehen"[1]. Ganz richtig; es ist eine neue Religion, welche an die Stelle des Christenthums, des in Liebe thätigen Glaubens treten soll, zugleich ein Widerspiel und Affe dieses Glaubens: der „Glaube an die Menschheit", thätig durch die Umwälzung alles dessen, was ihm im Wege steht, eine Umwälzung durch alle Mittel von Gewalt, List und Verrath, eine Umwälzung ferner, welche in ihren Anhängern eine der apostolischen Thätigkeit für die Sache Gottes ähnliche Hingebung der ganzen Person an die Sache des Widersachers in sich schließt. Es ist, um das Ding beim rechten Namen zu nennen, die Fahne Lucifers, erhoben gegen die Fahne Christi; das Reich des Abfalls, welches, soweit es das direct entgegengesetzte, auf Verkehrung der göttlichen Ordnung gerichtete Ziel mit seinen rein natürlichen Mitteln zuläßt, das Reich Gottes sich zum Vorbild nimmt.

44. „Freiheit, Gleichheit, Humanität", lautet die Verbrüderungsacte der drei republikanischen Sectionen Italiens, Deutschlands und Polens, welche sich in Bern die Hand reichen sollten. Ihr Bekenntniß sollte sein: „eine Declaration der Principien, welche das allgemeine Moralgesetz in seiner Anwendung auf die menschliche Gesellschaft begründen." Also eine neue Auflage der Erklärung der Menschenrechte. Diese Grundsätze lauten: „Wir unterzeichnete Männer des Fortschritts und der Freiheit, wir glauben an die Gleichheit und die Verbrüderung der Menschen, an die Gleichheit und Verbrüderung der Völker. Wir glauben außerdem, daß die Menschheit die hohe Bestimmung hat, ohne Aufenthalt vorwärts zu schreiten zu einer freien und harmonischen Entwicklung ihrer Kräfte und Anlagen, und so die Bestimmung zu erfüllen, welche den Menschen im Universum zu seiner nie stillstehenden Bildung angewiesen ist; daß sie diesen Zweck nicht anders erreichen kann, als durch ein kräftiges, thätiges Zusammenwirken aller ihrer Mitglieder, die sich frei verbrüdern; daß eine solche Bestimmung wahrhaft und selbstständig nur unter Gleichen bestehen kann, weil jede Ungleichheit eine Verletzung der Unabhängigkeit in sich trägt und jede Verletzung der Unabhängigkeit die Freiheit der Ueberzeugung und des Handelns beeinträchtigt; daß die Grundsätze der Freiheit, der Gleichheit, der Humanität gleich heilig sind, daß sie drei unverletzliche Elemente bilden, aus denen allein eine vollkommene Lösung des socialen Problems hervorgehen kann, nur daß überall, wo eines von diesen Elementen den beiden andern aufgeopfert wird, alle Be-

---

[1] Die Verschwörungen und Revolutionen des 19. Jahrhunderts. MS. S. 71.

strebungen und Bemühungen der Menschheit zur Realisirung dieses Zweckes durchaus mangelhaft sind. Wir sind überzeugt, daß der Endzweck, nach welchem die Menschheit hinstrebt, wesentlich Einer ist, daß die allgemeinen Principien, welche die Menschheit auf der Laufbahn nach diesem Zwecke leiten sollen, offenbar nur ein stetes Fortschreiten bezwecken. Wir sind überzeugt, daß jeder Mensch aus jedem Volke besondere Aufgaben zu erfüllen hat, welche nothwendigerweise mit der Aufgabe der gesammten Menschheit zusammentreffen. Wir sind endlich überzeugt, daß die Verbindung der Menschen und der Völker die Garantie einer freien Lösung der individuellen Aufgabe in sich enthalten muß zum Zwecke einer Lösung der allgemeinen Aufgabe. Gott und die Menschheit." Unterz. Mazzini, Dr. Breidenstein, Stolzmann u. A. — Eine „Erklärung" dieser Grundsätze sagt sich los von der Carbonaria und kündet einen Kampf an gegen das alte Europa, „nach Politik, Literatur und Religion", „zur Realisirung der Freiheit, Gleichheit und Humanität." Eine „allgemeine Instruction" sodann für die „Initiateurs des jungen Europa", besagt u. A. §. 2. „Ein einziger Gott; ein einziger Herrscher: sein Gesetz. Ein einziger Ausleger dieses Gesetzes: die Menschheit." Da nun aber dieser Ausleger sich noch nicht zusammengefunden hatte, oder aber noch nicht an's Tageslicht treten konnte, so nahm einstweilen das junge Europa seine Stelle ein. Oder um an Früheres anzuknüpfen, Mazzini griff die Rolle, welche Robespierre nicht durchzuführen vermochte, an dem Punkte, wo sie liegen gelassen worden, „für die Menschheit" auf; er warf sich provisorisch zum Ausleger des Naturgesetzes über Recht, Sittlichkeit und Religion für ein neu zu gründendes Reich mit dem „Moralgesetz" der Geheimbünde, mit Emancipation von Gott, Recht und Moral auf. Daher die Aufgabe des jungen Europa, wie §. 3 besagt: „Die Menschheit so zu ordnen, daß sie so schnell als möglich durch ein ununterbrochenes Fortschreiten zur Auffindung und Anwendung des Gesetzes, das sie beherrschen sollte, gelangen könne." Für diesen Uebergangszustand erklärte der Prophet der Menschheit provisorisch als natürliches Recht die Selbsthülfe gegen die bestehenden Ordnungen, sobald die Kräfte dazu vorhanden wären: „Wir glauben, daß die Völker [1] das Recht haben, für die gemeinsame Sache zu kämpfen,

---

[1] Um an das Eingangs Gesagte zu erinnern, ist hier das unsichtbare Volk, das Gegenvolk der Geheimbünde, gemeint, indem die Völker als solche verschwinden,

ein Recht, das Jedem gegeben ist, sobald er sich stark fühlt, zu handeln. Wir glauben überdieß, daß bei dem heutigen Stand der Dinge kein Kampfgeschrei sich irgendwo erheben kann, ohne überall wieder zu hallen." "Es ist das junge Europa der Völker, das an die Stelle des alten Europa der Könige treten wird. Es ist dieß der Kampf der jungen Freiheit[1] gegen die alte Sklaverei; der Kampf der jungen Gleichheit gegen die alten Privilegien, der Sieg der neuen Ideen über den alten Glauben." Im §. 35 der Instruction wird „jedem Aufgenommenen seine Bewaffnung in möglichst kurzer Frist zur Pflicht gemacht, um im vorkommenden Falle zum Kampf gegen die Unterdrücker und für die heilige Sache des Rechts und des jungen Europa bereit zu sein"[2] u. s. w.

45. Halten wir hier einen Augenblick inne, so erkennen wir in einem organischen Genie die liberalen Grundsätze in ihrem letzten Grunde, in welchem sie, wie wir wissen, Läugnung der Oberherrschaft Gottes über den Menschen sind, als „Humanität", d. i. als Vergötterung und Emancipation der Menschheit von Gott und vom „alten Glauben", welcher den Gottmenschen und die durch ihn übernatürlich erhobene Menschheit zu seinem Mittelpunkte hat. Die beschränkte Form Rousseau'scher Ideen, an denen noch Robespierre hing, ist abgestreift, es ist die umfassendere deutsche Philosophie des Unglaubens, oder der im „Diesseits befriedigten Humanität", wie Arnold Ruge sich bezeichnend ausdrückt, welche mit den mehr practischen Geistern der Verneinung in Frankreich und Italien als versippt erscheint. Demokratie und Communismus werden jetzt zu Flügeln; als der Kopf des Ganzen, als Ausgang und Zielpunkt ist der religiöse Unglaube, die Aufklärung des 18. Jahrhunderts in ihrer Vollendung, gesetzt. Eben damit wird der Kampf gegen die Kirche und das Papstthum, als die tiefste Grundlage der alten Ordnung, zur Hauptsache und tritt in den Vordergrund. Diese Ehrlichkeit und Klarheit der heutigen Revolution, ihr Zurückgehen in den Anfang ist das Große an der Erscheinung dieser modernen Häresiarchen. — Die weiteren Schritte von Mazzini beweisen, daß er entschlossen war, sein Ziel in großartigstem Style

---

in den Urstand oder Urbrei zurückgearbeitet und die Atome zu einem willenlosen Werkzeug der volksauflösenden Geheimbünde geknetet werden sollen.

[1] Richtiger hieße es: der Kampf einer Sklaverei, wie sie die Welt noch nicht gesehen, deren Anfänge da und dort im Loos der Arbeiter sichtbar sind, gegen die letzten Reste der Freiheit, die noch unter der Herrschaft von Recht, Ordnung und Religion bestehen.

[2] A. a. O. S. 23, 24.

zu verfolgen. Er wendete sich vom revolutionären Frankreich ab und suchte England auf, England, in welchem die kirchliche Revolution gemächlich ausgegohren und sich in den Freidenkern, den Feinden des Christenthums, erschöpft, das die ersten Keime der widerchristlichen Richtung auf den Continent gesäet hat, und auch in der protestantischen Schärfe seines Volksgeistes, wie in der materialistischen Richtung seiner Politik von den tiefergehenden deutschen Philosophen als das Land ihrer Hoffnung, als das Reich der dritten, freimaurerischen Aera der Humanität begrüßt worden ist. Mazzini trat aus dem Comité des jungen Europa aus, wahrscheinlich um erfolgreicher für den Bund zu wirken, der sich indessen nach allen Seiten erweiterte; denn durch Beitrittsacte vom 10. April 1835 schloß sich das „junge Frankreich" an; den 26. Juli 1835 constituirte sich eine „junge Schweiz", deren Trümmer 1837 in den „Grütliverein" übergingen, und Eingangs 1836 verbanden sich „die Logen der reformirten Carbonari" auf Corsica mit dem jungen Europa, unter dem Vorbehalte jedoch, ihre Kriegshauptleute selber wählen zu dürfen. Um diese Zeit erschien ein italienisches Literaturblatt, unter der Leitung von Michael Accursi, bei Beaule et Jubin zu Paris vom Mai bis October 1836 im Dienste des jungen Europa; allein Mazzini fand die Verhältnisse ungünstig und wandte sich, wie schon gesagt, nach London, das von jetzt an der Hauptsitz seiner revolutionären Thätigkeit blieb und bald eine organisirte Oberleitung des jungen Europa besitzen sollte. Hier erschien 1840 den 10. November das „volksthümliche Apostolat", l'apostolato popolare mit der Tendenz, die Arbeiter für die neuen Ideen zu gewinnen. Die Zeitschrift wurde auch in Frankreich sowie in den beiden Hälften von Amerika verbreitet und ihre Aussaat scheint ergiebigen Boden gefunden zu haben. Eine gleiche Aufgabe verfolgte der „Erzieher", welcher 1843 im September das Tageslicht erblickte. Um die Engländer für seine Pläne zu gewinnen und mit ihrer Hülfe die italienische Revolution und den Sturz des Papstthums vorzubereiten, eröffnete Mazzini seine Laufgräben mit dem Briefe an Sir James Graham: L'Italia, l'Austria e il Papa; und zur wirksamen Verfolgung der hier in Aussicht genommenen Pläne bildete sich zu London den 28. April 1847 ein eigener Bund zu dem speciellen Zwecke: 1) das englische Publikum über die politische Lage des Auslandes nach ihren verschiedenen Beziehungen aufzuklären; 2) die Grundsätze der Freiheit und des nationalen Fortschritts zu verbreiten; 3) für das Recht jedes Volkes, sich selbst zu regieren und in seiner Nationalität zu erhalten, einzustehen; 4) das gute Einverständniß unter den Völkern aller Länder zu fördern. Auf dem Continente diente namentlich die Chronik von Lausanne den Geheimbündlern als Organ. Bereits am 8. September 1847 erließ Mazzini sein Schreiben an Pius IX. Die Vorbereitungen waren getroffen. Der erste Act war gespielt. Der zweite begann mit den Ereignissen von 1848. Im Mai 1848 konnte L'Italia del popolo, das Organ Mazzini's, zu Mailand erscheinen; nach dem Wiedereinzug der Oesterreicher in Mailand siedelte es nach Rom über, wo eine kurze Dictatur in der römischen Republik die höchsten Wünsche Mazzini's krönte. Von Rom vertrieben, scheint Mazzini den alten Lauf über die Schweiz, wo sein Organ noch einige Zeit erschien, nach London genommen zu haben. Die Niederlage seiner Partei durch die Selbstermannung der Regierungen richtete damals allenthalben große Verheerungen unter ihr an. Doch muß man gestehen, ihre Stärke war in den solidarischen Erhebungen von Paris, Berlin und Wien mit Mailand erprobt worden. Den eigentlichen Kern der Armee bildeten revolutionär gesinnte Arbeiterbünde, mit einer selbstständigen Stellung, obwohl sie mit der Socialdemokratie zusammen wirkten.

46. Wenn wir den Angaben unseres Gewährsmannes folgen, gingen übrigens die revolutionären Geheimbünde, die in Frankreich bestanden, zur Zeit der Julirevolution und nachher noch ihren mehr selbstständigen Weg, bis die Ereignisse ihre Reste mit dem jungen Europa enger zusammengeschlossen zu haben scheinen. Nach seinen Angaben spielte bei der Julirevolution von 1830 die lange vorher bestehende „Gesellschaft der Menschen- und Bürgerrechte", in der sich der Jacobinismus fortpflanzte, eine Hauptrolle, sie barg in ihrem Schooße auch die communistische Section, die Trümmer der Partei von Babeuf und Buonarotti, entließ aber dieselbe als Société des quatre saisons, die den Communistenaufstand vom 14. Mai 1839 unter Blanqui versuchte. An jene „Gesellschaft der Menschenrechte" schlossen sich die deutschen Geheimbünde an, denen mehrere Unruhen und Schilderhebungen ihren Ursprung verdankten. Auch von ihnen lösten sich die communistischen Elemente, die gleich von Anfang den liberalen Bestrebungen beigemischt waren [1]; doch blieben die politischen Zielpunkte: Republikanische Regierungsformen mit

---

[1] Von dieser Seite ging z. B. im Jahre 1819 die Flugschrift aus: „Frag- und Antwortbüchlein über Allerlei, was im deutschen Vaterland besonders Noth thut. Für den deutschen Bürgers- und Bauersmann."

Umsturz der bestehenden Monarchien bei Allen im Vordergrund. Die „Rechte des Menschen und Bürgers", oder die Erklärung der Menschenrechte nach Robespierre wurden von der Gesellschaft der Menschenrechte nach allen Seiten hin verbreitet. Sie enthielten neben der reinen Demokratie ausgesprochenen Socialismus und durch ihn das Mittelglied mit dem Communistenbund. So heißt es in der genannten Erklärung der Menschenrechte, die unter den Bundesgliedern verbreitet wurde, Art. 10: „Alle beweglichen und unbeweglichen Güter, seien sie im Gebiete des Staates gelegen oder von Mitgliedern desselben auswärts besessen, gehören der Gesellschaft an, welche allein durch Gesetze die Grenze bestimmen kann, über die der Besitz des Einzelnen nicht hinausgehen darf." Art. 15: „Die Gesellschaft soll ohne Unterlaß dahin streben... die Güter der Bürger der Gleichheit näher zu bringen." Sehen wir hierin die Gleichheitslehre auf dem Stande fixirt, wie sie im social-demokratischen Programme von Babeuf vorgetragen ist, so entsprechen dem auch die übrigen revolutionären Forderungen: Art. 19: „Die Gesellschaft ist einem jeden ihrer Mitglieder Erziehung und Unterricht schuldig." Art. 23: „Der Herrscher ist das Volk." An die Berner Acte aber erinnert der Satz: „Die Menschen aller Länder sind Brüder und die verschiedenen Völker sollen einander helfen zur Erlangung und Vertheidigung der gemeinsamen Freiheit." An die gleiche Gesellschaft schloß sich der „Bund der Geächteten" an, der sich aus deutschen Flüchtlingen zu Paris bildete, überall mit socialistischen Elementen versetzt: „namentlich sollte es in dem neuen Staate keine armen Leute geben können"; er sollte „noch bessere Einrichtungen erhalten, als die freien Staaten der Schweiz und Nordamerika"; „der Arme sollte gar keine Abgaben, der Reiche aber desto mehr" bezahlen und von seinem Ueberschuß „dem Armen sein Theil zugewiesen" werden. Auch dieser und ähnliche revolutionäre Vereine lehnten sich an die rein demokratische Verfassung von 1793 und die Robespierre'sche Erklärung der Menschenrechte vom 24. Juni 1793 an. Der Bund nahm verschiedene Namen an und seine meisten Mitglieder vereinigten sich in den 1840er Jahren mit dem Communistenbund.

47. Dieser hat vielleicht unter allen revolutionären Geheimbünden die stärkste Organisation, seine Hauptkraft besteht in der Verständlichkeit seiner Lehren und der practischen Faßlichkeit seines Zieles, der allgemeinen Gütertheilung, wie darin, daß er alle übrigen Programme als Elemente in das seinige aufgenommen hat. In der Schweiz wurde, unserem Gewährsmann zufolge, die Communistenpartei um 1834 herum von

dem oben genannten Schneider Wilhelm Weitling organisirt; 1836 aus der Schweiz verwiesen, wandten sich die Communistenführer nach London, wo sie einen „Bildungsverein für Arbeiter" gründeten, welcher, mit den englischen Chartisten und den französischen Geheimbünden vereinigt, an verschiedenen Orten in Deutschland Filialien errichtete. Seit dem September 1847 bereitete auch er durch eine „communistische Zeitschrift" mit dem Motto: „Proletarier aller Länder vereinigt euch" auf den bevorstehenden großen Schlag vor [1]. Daß ihr Streben mit dem von Babeuf ganz gleichartig geblieben ist, dessen machen die Schriften der Communisten kein Hehl, es ist aber auch durch gerichtliche Untersuchungen außer Zweifel gestellt; so berichtet die von der Züricher Regierung 1843 hiemit beauftragte Commission, daß das Bestreben der Communisten auf „Befreiung der ganzen Menschheit", d. h. „Abschaffung des Eigenthums, der Erbschaft, des Geldes, der Belohnungen, der Gesetze und Strafen und eine gleiche Vertheilung der Arbeiten und Genüsse nach den natürlichen Verhältnissen" gerichtet sei. Ihre Selbstständigkeit aber den Liberalen wie den Demokraten gegenüber, welche sie als ihre Vorläufer betrachten, erhellt aus verschiedenen Manifesten. So bezeichnen die auf dem Londoner Communistencongreß vom 8. September 1847 erlassenen Statuten als Zweck des Bundes in Art. 1: „Sturz der Bourgeoisie, Herrschaft des Proletariats, Aufhebung der alten auf Klassengegensätzen beruhenden bürgerlichen Gesellschaft und Gründung einer neuen Gesellschaft ohne Klassen und ohne Privateigenthum." Ein Manifest, im Februar 1848 an den Bund erlassen, bemerkt: „In Frankreich schließen sich die Communisten den Socialdemokraten an gegen die liberale Bourgeoisie, aber mit kritischer Haltung zu den Phrasen und Illusionen, die aus der revolutionären Ueberlieferung herrühren. In der Schweiz unterstützen sie die Radicalen. In Deutschland gehen sie mit der Bourgeoisie gegen Monarchie, Adel und Kleinbürgerthum. Nach dem Sturze der reactionären Klassen soll der Kampf gegen das Bürgerthum beginnen". Für sie, die Sklaven der Bourgeoisie, gebe es „kein Nationalgefühl, kein Familienband mehr"; „Moral und Religion passen nur für den alten Zustand" [2].

---

[1] Andere communistische Schriften, welche in großer Anzahl verbreitet wurden, waren: „Das Evangelium eines armen Sünders" und „Garantie der Harmonie und Freiheit" von Weitling; „Das Buch gehört dem Volk"; das „Volk" von Michelet. „Wie ich Communist bin", von Cabet; „Neue Gedichte von Heine" u. A.
[2] A. a. O. S. 57.

48. Der Gang aber, den die vereinigten Parteien des Umsturzes in Deutschland einschlugen, geschah (wie später in Italien) auf kirchlichem Gebiete. Die deutschkatholische Bewegung hatte demokratisch-communistische Triebfedern. So hoffte man die Kurzsichtigen unter den Protestanten, ähnlich wie Mazzini die Engländer, für den allgemeinen Umsturz zu gewinnen, und durch Verwirrung der Katholiken die starke Mauer der Ordnung, welche annoch mit der katholischen Kirche aufgerichtet ist, zu brechen. Bei verschlossenen Thüren machte man über die socialrevolutionären Endziele der Deutschkatholiken, die jetzt offen liegen, gleich Anfangs kein Hehl. Unter den Leitern der ganzen Bewegung nahmen erklärte Ungläubige und Demagogen die erste Stelle ein. Um für ihre „neue Religion" zu werben, versprachen sie: „die Arbeiter bekommen einen größeren Lohn"; „der arme Mann wird sich künftig nicht mehr so sehr plagen müssen"; „es werden die kirchlichen und socialen Verhältnisse reformirt". Von Offenbach, einem Hauptsitz des Rongethums, aus wurde „die Vereinigung und Verschmelzung aller Fortschrittsparteien des religiösen, politischen und socialen Lebens" betrieben. Schriften, von dieser Seite verbreitet, suchten den Glauben an Gott und Ewigkeit in pantheistischer Weise zu untergraben, und gestanden offen, daß das letzte Ziel Politik sei; man müsse aber zuvor den Glauben stürzen: denn „die Uebel unserer Zeit lägen in dem Mangel an Selbstdenken, der eine Folge des Glaubens sei"[1]. Auf Sänger-, Turn- und ähnlichen Festen gaben sich gleiche Gesinnungen kund. Als die Bewegung in Deutschland die Oberhand gewann, stellten sich wie bekannt hinter die Liberalen die Republikaner mit einem demokratischen Directorium, hinter ihnen aber lauerten die Socialisten, die den Septemberaufstand von 1848 ausführten, in Frankreich unter Blanqui durch Cavaignac eine Niederlage erlitten, in Italien allein unter Mazzini, zu welchem wir zurückkehren, einer vorübergehenden Herrschaft genossen. Unter seiner Leitung bildete sich zu London den 3. Juni 1851 die Gesellschaft der „Freunde Italiens", mit dem Zwecke, über die Natur der italienischen Frage, die Pläne und Bedürfnisse der italienischen Nation im Sinne der Socialdemokraten Licht zu verbreiten. Diese Freunde waren überzeugt, durch ihre Bestrebungen zugleich das (religiöse, politische und merkantile) Interesse Englands zu fördern, was der weitere

---

[1] A. a. O. S. 60 ff. Zu vergleichen die Eingeständnisse des Lichtfreundes Wislicenus im Septemberhefte seiner „Katholischen Kirchenreform" von 1846.

Gang der italienischen Einheitsbewegung vollständig bestätigt hat. Während Piemont mehr und mehr seine innere Umwandlung und Zubereitung zum Werke der Revolutionirung vollzog, wozu seine feindseligen Schritte gegen die Kirche, die Einführung der allgemeinen Religionsfreiheit, des Monopols für den Staatsunterricht, die Angriffe auf das Kirchengut und die religiösen Orden, die Vorbereitung der Civilehe, kurz der ganze Apparat des Liberalismus es befähigen mußten, schlossen sich die Reste der Carbonaria und das junge Italien in dem „Vereinigten Italien" zusammen, wie auch anderwärts, namentlich in England, seit 1852 dem Anschein nach ein engeres Verhältniß der verschiedenen revolutionären Bünde bewirkt worden ist. Selbst von Nordamerika aus war ein von den Logen gegründeter Revolutionsbund für Europa thätig, bei dem Schneider Weitling neben Heinzen u. A. eine nicht geringe Regsamkeit entfaltet zu haben scheint. Am opferwilligsten aber unter den nationalen Sectionen war die italienische. Mazzini, zum Haupt der gesammten revolutionären Propaganda erhoben, durfte sich, wenn wir unserm Gewährsmanne folgen, auch der Unterstützung mancher englischen Finanzgrößen erfreuen [1], und Palmerston selber ließ ihm Winke zukommen, wie anderseits die Bibelgesellschaften die Fortschritte seines Werkes als Stufen zur Evangelisirung Italiens in ihrem Geiste ansahen und zu nützen suchten.

§. 6. Die vereinigten Fractionen des Liberalismus dem hl. Stuhl gegenüber.

49. Weder Deutschland noch Frankreich hat eine Frage aufzuweisen, in welcher sich die im Vorangehenden aufgeführten verschiedenen Fractionen des Liberalismus, die Repräsentanten der verschiedenen Ruhepunkte seiner gesellschaftslösenden Bewegung, vereint zusammenfänden, wohl aber ist dieß in Italien der Fall. Das Papstthum, durch die Vorsehung mit einer weltlichen Herrschaft zur Sicherung seiner geistlichen Unabhängigkeit ausgerüstet, ist der Stein des Anstoßes für den Liberalismus als solchen, ja verbündet ihm auch die wahlverwandten Elemente aus der religiösen und kirchlichen Auflösung früherer Jahrhunderte, so sehr dieselben sonst der politischen Revolution abgeneigt sein mögen. Der römische Bischof, Papst und König zugleich, das Symbol der von

---
[1] S. 394.

Gott gewollten Eintracht zwischen geistlicher und weltlicher Gewalt, des Sieges der Uebernatur über die finstern Gewalten des empörten Menschengeistes, der personificirte Widerspruch gegen die Gleichheitslehre der Sophisten; der Bürge aller sichern geistigen Güter der Menschheit, der Zeiger ihrer einzig möglichen Einheit durch die Unterwerfung unter Gott — er besitzt das Geheimniß, alle Richtungen des offenen und verdeckten Abfalls von Christus zum Aussprechen ihrer innersten Gesinnung zu bringen und der Revolution durch den katholischen Widerschein einen universellen Charakter aufzuprägen, ihre Anhänger in Einem Heerlager, unter dem Generalstab der geheimen Gesellschaften, zu vereinigen.

50. Den Vortrab in der feindlichen Armee bildeten wie überall so auch in Italien die Liberalen im engeren Sinne; ihre Forderungen und Vorschläge erscheinen in unruhigen Zeiten als eine ungefährliche Concession, als eine Art Ventil, um dem Geist der politischen Unruhe eine Oeffnung zu bieten. Sie lehnen sich mit Leichtigkeit an das Recht jeder Staatsgewalt an, innerhalb der durch die Natur des Staatswesens aufgestellten Verfassungsgrenzen Umänderungen des Bestehenden vorzunehmen, die nicht unveränderlichen Regierungsformen nach den Forderungen des gemeinen Besten zu modificiren und so der Umwälzung die Vorwände abzuschneiden. Auch Pius IX. machte von diesem seinem Herrscherrecht Gebrauch, wenn er in der besten Absicht, die Lage seiner Unterthanen zu verbessern, als Staatsoberhaupt freiere Institutionen zu gewähren für gerathen hielt. Seiner Herzensgüte sagte es zu, politischen Verbrechern Gnade für Recht ergehen zu lassen und der Treue menschlicher Gelöbnisse mehr als der Strenge des Regiments zu vertrauen. Allein diese Milde und Nachgiebigkeit wurde von den Geheimbündlern, wie bekannt, als eine Bresche, die politischen Concessionen als der erste Schritt zur Losreißung des Kirchenstaates vom heiligen Stuhle und diese Losreißung selber als die Basis für die weit aussehenden Operationen der europäischen Socialdemokratie behandelt. Je weiter nun aber die Kluft ist, welche zwischen diesen Plänen und dem im Mittelpunkte der Christenheit zu Recht Bestehenden sich aufthut, desto schärfer prägen sich eben hier die Charakterzüge der europäischen Revolution aus; um den Hauptschlag gegen das geistliche Haupt der Christenheit zu führen, mußte sie alle ihre Kräfte aufbieten, und um nicht auf dem langen Wege zu erliegen, Alles, was in andern Ländern langsam und schrittweise vorbereitet worden war, gleichsam im Sturmlaufe zu gewinnen suchen. Diese Feldzüge der Revolution gegen den Stuhl Petri sind uns

in der Allocution Pius IX. Quibus quantisq. vom 20. April 1849 aus Gaëta und dem Rundschreiben Noscitis et Nobiscum vom 8. Dezember 1849 aus Neapel aufbewahrt. Zuerst theilen sie das allgemeine Gepräge der liberalen Märzbewegung: Versammlungen, um das Volk in Aufregung zu bringen; Collecten, drohende Schmähschriften und eine zügellose Presse, Gerüchte über eine reactionäre Verschwörung einer Partei, die das Vertrauen des guten Papstes mißbrauche, Volksbewaffnung, Unzufriedenheit mit der ständischen Verfassung; Petitionen und steigende Aufregung, nachdem die constitutionelle Verfassung vom 14. März 1848 bewilligt ist, um den Papst zur Proklamirung der Republik, als dem einzigen Mittel für seine wie des Kirchenstaates Sicherheit, moralisch zu nöthigen; dazu Kriegsgeschrei durch ganz Italien gegen Oesterreich, als den Feind der italienischen Einheit und Freiheit. Als der Papst das ihm aufgenöthigte liberale Ministerium, das offen Trennung der weltlichen Herrschaft forderte, durch treuere Männer ersetzte, drang der Aufruhr mit Morden und Sacrilegien bis in seinen Palast vor, so daß er die Freiheit und Heiligkeit seiner Person nur durch die Flucht sicher zu stellen vermochte. Damit endete das liberale Vorspiel wie in der ersten französischen Revolution, aber glücklicher als diese für den Monarchen; und die römische Constituirende wurde an die Stelle der beiden Kammern von der neugebildeten demokratischen Staatsjunta berufen. Was sie beabsichtigte, enthüllte die Phrase jenes Advocaten: „Das Gesetz des moralischen Fortschrittes ist unerbittlich!" Es war übrigens längst kein Geheimniß mehr, daß die zur Herrschaft gelangte Faction es auf die gründliche Beseitigung der weltlichen Herrschaft des Papstes abgesehen habe; was immer auch Pius IX. hätte bewilligen mögen, es hätte den Beschluß nicht aufgehalten, den sie am 9. Februar 1849 erließ. Die Leiter aber hatten, um das Volk zu berücken, fromme, erbauliche Bibelsprüche unter ihre Lästerungen auf den Papst und seine Regierung gemischt; jeder, auch der geistliche, Verkehr der Gläubigen mit dem Papste wurde abgeschnitten. „Die Stadt Rom selber, der Mittelpunkt der katholischen Kirche, wurde ein Wald voll zähnefletschender Bestien, angefüllt mit Leuten aus aller Herren Länder, Apostaten, Häretikern, Communisten- und Socialistenhäuptlingen; alle voll des höchsten Hasses gegen die katholische Wahrheit und bestrebt, durch Lehre und Druck alle Arten von Pest bringenden Irrthümern auszustreuen"; die Kirchengüter eingezogen, die Klöster zu profanen Zwecken weggenommen, gottgeweihte Jungfrauen mißhandelt, Welt- und Ordensgeistliche jeder Würde theils gefänglich eingezogen, theils mit andern treuen Anhängern des Papstes ermordet. Der öffentliche Schatz wurde ausgeraubt, Handel und Verkehr dem Erlöschen nahe gebracht, den Reichen und Vornehmen unerschwingliche Steuern abgepreßt, auch Privatvermögen eingezogen; die öffentliche Sicherheit verschwand und das Leben der Bürger war durch Banditen bedroht, kurz die Herrschaft des Schreckens, die philosophische Glückseligkeit von 1793 und 1794, erneuerte sich. Durch Schandschriften, Schauspiele und Volksreden suchte man zugleich die sittlichen und religiösen Grundsätze zu erschüttern und das Volk vom katholischen Glauben abwendig zu machen, um leichter zum Ziele zu gelangen. Man prägte dafür den an Mazzinis Bundesacte erinnernden Grundsatz ein, daß für die Freiheit alles erlaubt, das größte Verbrechen löblich sei. Den Papst selber stellte man verleumderisch als persönlich den neuen Lehren und Bestrebungen zugethan dar. Die geheimen Gesellschaften aber, das Asyl gegen den Schrecken, breiteten sich immer mehr aus [1]. Die Herrschaft währte zum Glück nur einige Monate. Wie weit aber schon damals der dämonische Haß gegen das Christenthum sich herauswagte, beweist unter vielem Andern die Thatsache, daß bisweilen arme Kranke, die im Todeskampfe lagen, aller Tröstungen der Religion beraubt, unter den Reizungen frecher Lustdirnen aus dem Leben zu scheiden gezwungen wurden [2].

51. Die Besiegung der Revolution durch die Gewalt der Waffen war für die gebliebenen Geheimbünde nur ein Sporn zu erhöhter Thätigkeit; man suchte nunmehr allenthalben unter der Hand, wo es offen nicht anging, die Gemüther der katholischen Religion zu entfremden, weil man in ihr ein Haupthinderniß für die Revolution sah. Als Uebergang gedachte man den Protestantismus zu benützen. „Die katholische Religion sei dem Ruhme des italienischen Volkes, seiner Größe und Wohlfahrt zuwider; Italien, um seinen alten, heidnischen Glanz wieder zu erlangen, bedürfe der Einführung protestantischer Bekenntnisse und Vereine". Der Protestantismus, verbreiteten sie, sei nur eine andere Form des Christenthums, ebenso gottgefällig als der Katholicismus. Die freie Schriftforschung, hofften sie, werde den Systemen des Socialismus und Communismus den Weg bahnen. Zudem mußten „Gotteslästerung, Concubinat, Sonntagsschändung, Verachtung der Kirchenge-

---

[1] Acta p. 30 sqq.
[2] Acta p. 50.

bote und ähnliche Laster unter den Einwirkungen der Geheimbünde
reißend zunehmen" [1]. Für diese Verdrängung der Religion wandten die
Feinde der Kirche nicht allein schlechte Zeitungen und Schmähschriften
ohne Zahl an, sondern nahmen auch zu den Bibelgesellschaften ihre Zu-
flucht und verbreiteten Uebersetzungen der Bibel in italienischer Sprache,
die voller Entstellungen und Verdrehungen des wahren Sinnes sind [2].
Auf alle Weise ferner suchten sie das Volk gegen den hl. Stuhl mit
Haß zu erfüllen; besonders auf die arbeitenden Klassen trachteten sie
einzuwirken; sie machten ihnen betrügliche Versprechungen eines besseren
Looses, um sie fortwährend in Aufregung zu erhalten und zu Verbrechen
geschickt zu machen, namentlich zum Haß gegen die Obrigkeit, das
Kirchenvermögen und anderes Privateigenthum, gegen die Religions-
übung und die bestehende bürgerliche Ordnung überhaupt. Nicht geringe
Beihilfe zur Verführung des Volkes erlangten die Geheimbündler durch
den Abfall einiger Geistlichen, mit denen sich der Ansatz zu den liberal-
clerikalen Vereinen bildete. Verwandt damit waren die Versuche,
die Schulen und Erziehungsanstalten sich zugänglich zu machen, um der
Jugend sich zu bemächtigen. Sie suchten dieselben deßhalb mit aller
Anstrengung von der Sorge und Aufsicht der Kirche loszureißen. Sie er-
kannten ferner wohl, daß die Schwächung des kirchlichen Ansehens unter
dem Volk der Weg zur bürgerlichen Umwälzung sei und dieselbe ähnlich, wie
die Einziehung der Kirchengüter den Socialismus, begünstige. Deßhalb
drängten sie, nachdem es ihnen gelungen war, die sardinische Regierung
für ihre Plane zu gewinnen, auch sie in diese Bahn, wie die Reihe der
verschiedenen bekannten Gesetze derselben und der ganze kirchenfeindliche
Geist, der ihre Nationalvertretung und Organe beseelte, hinlänglich beweist. Viele von diesen Staatsdienern, Rednern und Schriftstellern
schracken nun zwar zurück vor den äußersten Consequenzen der Socialdemokraten und Geheimbündler, sie suchten eine gewisse Mittelstellung
einzunehmen, aber sie blieben doch hiebei in jenen liberalen Theorien
hängen, die strenge genommen die Göttlichkeit der Kirche und ihre übernatürliche Stiftung bestreiten, indem sie eben nur so viel Recht ihr zugestehen, als der Staat ihr bewilligt. Hiemit aber waren sie doch im
Grunde der socialistischen Revolution dienstbar, welche nur folgerichtig
auf dem genannten Princip weiterbaut [3], wie sie auch practisch der Re-

---

[1] Acta p. 56.   [2] Acta p. 57.
[3] Vgl. die Alloc. Singulari quadam vom 9. Dez. 1854.

volution durch ihre Maßregeln den wirksamsten Vorschub leisteten. Aehnliches muß von den liberalen Geistlichen und ihren schismatischen Bestrebungen gesagt werden.

52. Ueber die beiden Hilfsgenossen der Geheimbündler: die liberalen Vereine von Geistlichen und die Bibelgesellschaften klagt ein Rundschreiben an den italienischen Episcopat [1]; „wir können nicht verhehlen, heißt es da, daß wir vom bittersten Schmerze ergriffen werden, zu sehen, wie Einige vom Welt- und Ordensclerus sich finden lassen, die ihren heiligen Beruf so weit vergessen, daß sie sich nicht schämen, sogar durch schlechte Schriften falsche Lehren in Umlauf zu setzen und die Gemüther des Volks gegen uns und den apostolischen Stuhl aufzureizen, auch unsere und dieses Stuhles weltliche Herrschaft zu bekämpfen, sowie den nichtswürdigsten Feinden der katholischen Kirche und des hl. Stuhles mit allem Eifer und Aufwand schamlos Beihilfe zu leisten. Diese Geistlichen, die von ihren Bischöfen, von uns und dem hl. Stuhle abgefallen sind und sich auf die Gunst und Unterstützung der piemontesischen Regierung sowie ihrer Beamten stützen, sind in ihrer Verwegenheit so weit gegangen, daß sie, unter gänzlicher Verachtung der kirchlichen Censur und Strafe, sich nicht gescheut haben, gewisse völlig verwerfliche „kirchlich-liberale", „gegenseitige Hilfs"- oder „Emancipations-Vereine für den italienischen Clerus" sowie andere vom schlechten Geiste beseelte Gesellschaften zu stiften, und obwohl ihnen von ihren Bischöfen der Gottesdienst untersagt ist, fürchten sie sich nicht, als Eindringlinge denselben in mehreren Kirchen zu verrichten". „Schulen mit akatholischen Lehrern und gleichartige Gotteshäuser, gottlose Schriften jeglicher Art, voll Lug und Trug, Verleumdung und Gotteslästerung, wahre Ausgeburten der Finsterniß, mit vielfachen andern teuflischen Nachstellungen und Kunstgriffen sollen dazu dienen, die katholische Kirche in Italien wo möglich von Grund aus umzustürzen und das Volk und die Jugend immer mehr der Sittlichkeit und Religion zu berauben" [2]. Welchen moralischen Zustand diese vereinigten Bestrebungen der Liberalen, der Geheimbündler und ihrer Bundesgenossen erzeugten, lehrt uns das Bild, welches das eben genannte Rundschreiben entwirft: „allenthalben wachsendes Sittenverderbniß, das durch nichtswürdige obscöne Schriften und Schauspiele, sowie durch allerorts errichtete Bordelle und andere sittenverderbende Künste befördert

---

[1] Quanto conficiamur vom 10. August 1863.
[2] Acta p. 231.

wird; ungeheuerliche Irrthümer jeder Art, die nach allen Seiten hin verbreitet werden, ein abscheulicher Zusammenfluß aller Laster und Verbrechen, der im Wachsen begriffen ist; das tödtliche Gift des Unglaubens, weit und breit um sich greifend; die Verachtung der geistlichen Gewalt, der Religion und der Gesetze, ungerechte und gewaltthätige Verheerung der Kirchengüter, die heftigste und ununterbrochene Verfolgung gegen die Diener der Kirche, die Mitglieder der Ordensfamilien und die gottgeweihten Jungfrauen, ein wahrhaft teuflischer Haß gegen Christus und seine Kirche, seine Lehre und den apostolischen Stuhl" [1].

II.

§. 7. Der consequente Liberalismus ist eine Form des Antinomismus, der Gesetzesbestreitung, und zwar jene, welche aus dem Naturalismus entspringt.

53. "Aus ihren Früchten sollt ihr sie erkennen." Dieser ehrwürdige Ausspruch unseres göttlichen Meisters ist der beste Leitfaden, um das innere Wesen des Liberalismus zu charakterisiren, was nunmehr unsere Aufgabe ist. Ein System, das zur Verachtung göttlicher und menschlicher Gesetze, zur Zerstörung der bestehenden socialen Ordnungen und Einrichtungen führt, von der Kirche angefangen bis zur Familie herab, zu deren Schutz eben das Gesetz den Menschen gegeben ist; und das nicht zufällig, sondern mit Bedacht und Berechnung: ein solches System muß in sich selber dem Gesetze feindselig oder antinomistisch sein. Unter Antinomisten, von den Vätern Antitakten genannt, versteht man im Allgemeinen Jene, welche die Verpflichtung des göttlichen Gesetzes für den Menschen bestreiten. Das Gesetz, das hierunter verstanden wird, ist der Decalog, das Moralgesetz unter den Bestandtheilen der alttestamentlichen Gesetzesanstalt. Dieses Gesetz ist im neuen Bunde keineswegs beseitigt, sondern von Christus bestätigt und theils durch die Hinzufügung der evangelischen Räthe, theils durch das Gebot des Glaubens und der Sacramente vervollkommnet worden. Dieses Gesetz können wir uns hier der Kürze halber als ein Gebäude vorstellen, zu welchem Gott den Grundriß selber entworfen und bei der Ausführung den Grund in unserem Herzen durch das Naturgesetz gelegt hat mit dem Auftrage an uns, daß wir unter der göttlichen

---
[1] Acta p. 227.

Obhut weiter bauen; das er endlich selber durch seine positive Führung des Menschengeschlechtes im alten und neuen Bunde zum Abschlusse gebracht hat. Als Grundriß existirt es im göttlichen Verstande und ist die Regel, welche Gott bei seinem Handeln über die vernünftigen Geschöpfe sich vorgezeichnet hat. Oder es ist die durch Gottes Heiligkeit bedingte Verfassung und moralische Weltordnung, welche der göttlichen Weltregierung zu Grunde liegt. So ist es das ewige Gesetz Gottes, die lex aeterna, von welcher schon die Philosophen des Alterthums [1], mehr aber die Väter und unter ihnen der hl. Augustin einen deutlichen Begriff uns geben. Nach diesen großen Lehrern besteht über uns ein unveränderlicher heilige Wille Gottes, welcher die Aufrechthaltung der in die vernünftigen Geschöpfe niedergelegten moralischen Gesetze oder der natürlichen Ordnung gebietet und ihre Störung verbietet [2]. Dieser unabänderliche Wille kündigt sich schon im Gewissen des Menschen an und in der richtenden Stimme nach jeder Gesetzesverletzung, er ist uns aber durch die göttliche Führung im Decalog, dem aufgehellten Naturgesetze, verdeutlicht, wie die Strafen und Belohnungen, welche Gott zum Schutze seines Gesetzes festgesetzt hat, uns gleichfalls durch seine Offenbarung genauer bestimmt sind. Dieses Gesetz der Natur in uns, wie das hinzukommende positive Gesetz ist in sehr vielen Stücken menschlicher Auslegung übergeben, der der Vernunft in jedem Einzelnen, und jener der rechtmäßigen Gewalt in den von dem göttlichen Gesetze vorgesehenen Ordnungen der Familie, des Staates und der Kirche. So ist uns das ewige Gesetz Gottes, die heilige Weltordnung, die über uns steht [3], promulgirt durch das Naturgesetz und das positive göttliche Ge-

---

[1] Cicero de legibus II. 4 (nach Plato im Timaeus): lex vera atque princeps, apta ad jubendum et ad vetandum, ratio est recta summi Jovis. Vgl. P. Suarez de legibus II. 3 n. 6.

[2] „Ratio divina seu voluntas Dei, ordinem naturalem conservari jubens et perturbari vetans." — „Voluntas Dei aeterna, secundum quam operari debent voluntates rationales ut bonae sunt. Quatenus autem Deus ipse sequitur hanc legem, est conceptum Dei aeternum, secundum quod a Deo ordinatur ad gubernationem rerum ab ipso progenitarum." S. Thomas. 1a 2dae q. 92. art. 1. „Providentia non nominat legem aeternam, sed aliquid ad legem aeternam consequens." S. Thom. q. 5. de ver. rel. art. 1 — ad 6.

[3] „Der Mensch", sagt Cardinal Rauscher in seinem ausgezeichneten Hirtenbriefe über die Encyclica: „Der Staat ohne Gott", der seitdem in vielen Auflagen verbreitet worden ist, S. 9 ff. „fühlt sich einem Gesetze unterthan, von welchem er das Auge des Geistes abwenden, das er aber nicht ändern kann, und wenn er es mit allen Kunstgriffen eines fertigen Sachwalters umdeutet, so wird

setz, und eingeführt durch die positive kirchliche und staatliche Gesetz=
gebung wie durch die sittliche Gesetzgebung der individuellen Vernunft
in jedem Einzelnen. Jeder Ausspruch des rechtmäßigen Gesetzgebers,
welches immer sein Organ sei, verpflichtet uns zum Gehorsam, weil
Gott als unser Schöpfer und Erlöser bestimmte Rechte über uns besitzt,
die er eben durch diese verschieden gegliederte Gesetzgebung ausübt. Das
Gesetz in seiner Quelle, wie im Endziele Eines, ist also ein lebendiger
Organismus, so sehr auch seine einzelnen Bestandtheile, sowohl in Be=
ziehung auf die Gegenstände als auf ihren nächsten Ursprung ausein=
ander liegen mögen.

54. Antinomismus, Läugnung des Gesetzes, läßt hienach einen mehr=
fachen Sinn zu. Sie kann sich zuerst auf einzelne Theile des Gesetzes,
oder aber auf alles, was zum Gesetze gehört, erstrecken, z. B. entweder
bloß die von Gott auferlegte Pflicht der ehelichen Treue, des Gehor=
sams gegen die Obrigkeit, oder geradezu alle göttlichen Gebote bestreiten;
sie kann die verpflichtende Kraft des Gesetzes mittelbar oder unmittelbar
antasten, jenes z. B. indem sie die Vergeltung, welche Gott zum Schutze
seines Gesetzes aufgestellt hat, in Frage stellt; dieses, indem sie läugnet,
daß der menschliche Wille einem höheren Willen Rechenschaft über seine
Handlungen schuldig und dessen Gesetz unterworfen sei. Für unsern
Zweck, der nicht eine genauere Charakteristik noch eine Widerlegung des
Liberalismus hier erheischt, was andern Abhandlungen vorbehalten ist,
sondern nur Aufstellung der Hauptmerkmale, wie derselbe vom Stand=
punkte des Glaubens aus zu beurtheilen ist, genügt diese Uebersicht.
Da wir an dem Decalog einen sichern Maßstab zu Grunde legen, dessen
Inhalt genau bekannt ist, so ist Schwanken im Urtheile nicht zu be=
fürchten. Anderseits sind von den verschiedenen Formen des Liberalismus
die eigenen Bekenntnißschriften der Partei aufgesucht worden, die einen
festen Anhalt für die Beurtheilung bieten. Dieselben haben sich als
Stufenentwickelung einer und derselben Lehre, von der allgemeinen Frei=
heit und Gleichheit der Menschen, ergeben: die liberale im engeren Sinne,
die rein demokratische und die communistische Form mit ihren socialisti=

---

er der Falschheit überwiesen, indem er es höchst verwerflich findet, wenn das, was
er an Andern that, an ihm selbst verübt wird. Es ist eine Gewalt, welche über
seinem Meinen, wie über seinem Wollen oder Nichtwollen steht. Dieß bleibt ein
ungelöstes Räthsel, so lange man den Blick nicht aufwärts richtet. Gott ist nicht
nur der allmächtige Schöpfer des Himmels und der Erde, er ist auch die höchste,
unbedingte Vollkommenheit des geistigen Seins und Wirkens."

schen Abzweigungen. Kürzer dürfen wir zwei Grundformen annehmen: die politische, welche die Stellung der Individuen in der Staatsgesellschaft zur obersten Gewalt nach der Gleichheitslehre abmißt, sodann die socialistische, welche außerdem das Verhältniß des Individuums zur Ehe und zum Eigenthume nach derselben Lehre bestimmt. Die Stellung zur Kirche, sei es im Glauben, sei es in der Disciplin, ist für den Liberalismus nicht gleichgültig, aber sie liegt für das, was man im engeren Sinne so heißt, wie wir gesehen, gleichsam im Rücken, und ähnlich wie die demokratische Richtung im Politischen für den Communisten eine sich von selbst verstehende Sache ist, verhält es sich für den consequenten Liberalen mit der Verneinung der Kirche, ja des Glaubens überhaupt, mag sie ihm zum Bewußtsein gekommen sein oder nicht. Selbst die natürliche Religion ist für den Liberalen als solchen eine gleichgültige Sache, die er wenigstens dahin gestellt sein läßt. Der consequente Liberale setzt hier die vollkommene Emancipation der individuellen Vernunft von jeglicher Autorität voraus.

55. Hiernach läßt sich der Sinn der vorangestellten These also feststellen: Der Liberalismus läugnet die verpflichtende Kraft jenes Gesetzes, das wir Christen in den zehn Geboten kennen; und zwar ist er in seinem Princip totale und unmittelbare Läugnung der verpflichtenden Kraft des göttlichen Gesetzes; die einzelnen Gebote aber greift er mehr oder minder auf allen Entwickelungsstufen der Gleichheitslehre an, partiell auf den unvollkommenern, total auf den letzten. Der erste Satz (von der totalen u. s. w. Läugnung) sagt: das Princip des Liberalismus ist direct entgegengesetzt der Annahme, daß ein heiliger göttliche Wille den menschlichen binde und ihn zu irgend welchen moralischen Acten, zur Religion, zum Gehorsam gegen die elterliche, staatliche und kirchliche Gewalt, zur Achtung der ehelichen Rechte, der persönlichen Güter des Lebens, des Eigenthumes und der Ehre irgendwie anhalte. Er nimmt in allem dem kein anderes Band für den menschlichen Willen an, als das dieser sich selber aufzulegen für gut findet nach der wechselnden Einsicht seiner individuellen Vernunft; er überläßt es ihrer Entscheidung, ob sie ein göttlich verpflichtendes Gebot anerkenne oder nicht. Noch mehr; er fordert sogar eine staatliche Bürgschaft für die Freiheit, das Gesetz anzunehmen oder nicht, als natürliches Menschenrecht [1]. Das göttliche Gesetz gesteht aber dem Menschen eine solche Freiheit nirgends zu, sondern verwirft ipso

---

[1] Déclaration des droits de l'homme art. 10. S. oben S. 30.

facto einen solchen Anspruch des Menschen, welcher so das natürliche Recht des Schöpfers antastete. Das Gesetz Gottes ist genügend promulgirt in der Einzelvernunft für Jeden, noch deutlicher verkündet durch den Decalog; ein Recht des Menschen, das Gesetz Gottes anzuerkennen oder nicht, dieses Recht, das doch nur auf die ihm von Gott verliehene Natur basirt werden könnte, widerspricht sich selbst und hebt die göttliche Gesetzgebung über das Geschöpf im Princip auf. Aber diese antinomistische Bedeutung des Liberalismus ist nicht auf allen Stufen erschlossen, sonst ließe sich die Thatsache nicht erklären, daß sehr Viele sich zum Liberalismus bekannt haben, die daneben die Offenbarung selbst als leitende Norm für das moralische Leben festhielten, wenigstens nicht angetastet haben wollten. Solche Unkenntniß hört nun freilich in den tieferen Stadien des liberalen Zerfalles mit der göttlichen Weltregierung auf. Ein Communist z. B. fordert von denen, welche er zu seinen Bundesgenossen macht, Verzicht auf die Uebung der Religion, diese gehört ihm mit der Moral einem „überwundenen Standpunkte", der „alten Gesellschaftsordnung" an. Das Gleiche ist mit den selbstbewußten Liberalen, den Solidaires und den in alle Geheimnisse eingeweihten Freimaurern der Fall; je weiter diese in ihrer Art Erkenntniß kommen, desto mehr nähern sie sich dem naturalistischen Pantheismus, der die Geheimnisse des Glaubens in blasphemischer Weise von natürlichen Processen, des animalischen Lebens z. B., versteht und die Sittengebote zu Regeln der Klugheit und Vorsicht für den „geistig und körperlich" Freien verflüchtigt [1]. Von den Beförderern der französischen Revolution ein Gleiches beweisen wollen, wäre überflüssige Mühe. Man lese nur den Bericht über die Abschaffung des christlichen Kalenders [2], um über den grundsätzlichen Bruch der Partei der Gleich-

---

[1] Man vergleiche hierüber die offenen Eingeständnisse der, wie es scheint, von einem Freimaurer veröffentlichten Schrift: „Das Freimaurerthum in seinen sieben Graben. Nach den Archiven der großen Loge Englands von einem Royal-Arch-Mason dargestellt. Leipzig, Mendelssohn 1857." S. 201 ff. wird z. B. die Geschlechtsliebe als etwas Göttliches verherrlicht. Bekanntlich hat Eckert in seinem „Magazin" die höhern Symbole des Maurerthums antinomistisch, auf Beseitigung der Religion, der Monarchie, der Ehe und des Eigenthums, gedeutet, ohne bis jetzt, unseres Wissens, eine ernstliche Widerlegung erfahren zu haben.

[2] Buchez XXXI. p. 415 ff. Um nur Eines anzuführen, die Feste des Advents werden als eine auf die Jahreszeit berechnete Einrichtung hingestellt, um die Menschen zu Allem anzuleiten „que leur impudence avait imaginé de mystique

heit und Freiheit mit Allem, was göttliches Gesetz ist, in's Klare zu kommen: ganz im Sinne der Gnostiker wird der Gesetzesübertreter als ein Hellsehender, Aufgeklärter behandelt. Es ist nun aber gewiß, daß der Liberalismus in der französischen Revolution seine eigene Geburts- und Heimathsstätte erblickt. Hieraus ist genug ersichtlich, daß der Liberalismus auf seinen letzten Entwickelungsstufen die göttlichen Gebote selbst total läugnet, partiell thut er dieß aber auf den unvollkommenern. Denn in jeder Form läugnet er mindestens die Verpflichtung zur Religion, indem er diese dem Urtheile des Einzelnen preisgibt, während sie in Wirklichkeit schon zu den von Gott in die Herzen eingeschriebenen Geboten gehört. Daß ferner von den folgerichtigen Liberalen die Verpflichtung, sich der obrigkeitlichen Gewalt zu fügen (es sei denn, sie sei übertragen vom Volkswillen), das Eigenthum von Vorrechtlern (Clerus, Adel) zu achten, die Ehe unauflöslich und heilig zu halten, bestritten wird, ist hinlänglich dargethan [1].

56. Der letzte Grund dieser vom Liberalismus ausgehenden Läugnung des Gesetzes besteht darin, daß er dem naturalistischen Systeme, als dessen allgemeinste Eigenheit man die Läugnung einer auf die Welt eingreifenden persönlichen Regierung Gottes ansehen kann [2], seinen Ursprung verdankt. Diese Läugnung schließt nämlich im Princip Antinomismus in sich. Denn das göttliche Gesetz ist ein Theil der göttlichen Führung des Menschengeschlechts, ist also untrennbar vom directen Eingreifen der göttlichen Weltregierung. Der Naturalismus, mag er deistisch oder atheistisch sich gestaltet haben, läugnet aber jene Führung, also auch das göttliche Gesetz. Man darf dagegen nicht einwenden, das Naturgesetz sei unabhängig von der übernatürlichen Führung Gottes, welche allein der Naturalismus zunächst bestreite und werde mithin mit Läugnung der letztern noch nicht nothwendig aufgehoben. Denn nach einer gewissen innern Nothwendigkeit kommt die menschliche Vernunft durch die Ablösung von der übernatürlichen Offenbarung in eine solche Unsicherheit über die moralische Ordnung, daß sie auch das natürliche Gesetz zuerst nicht mehr deutlich als Ausfluß des hl. Willens Gottes erkennt, bald es als solches bezweifelt und dahin gestellt sein läßt, ja

---

pour les prédestinés, c'est-à-dire les imbéciles, et de terrible pour le pécheur, c'est-à-dire le clairvoyant."

[1] Zu vergl. S. 32 ff. mit S. 45 ff. S. 50 ff.
[2] Roh, die Grundirrthümer S. 22 ff.

endlich es direct antastet. Da also das Socialsystem, das man Liberalismus nennt, auf den Naturalismus gebaut ist, so erhellt, warum es in so hohem Grade antinomistisch ist.

57. Je schwerer nun diese Anschuldigung gegen den Liberalismus wiegt, desto mehr wird er alle Zeit derselben zu entrinnen suchen. Hören wir einige der Einwendungen, die gemacht werden können. Man könnte zuerst, wie schon im Laufe der Darstellung berührt worden ist, den antinomistischen Charakter für das erste Auftreten des Liberalismus, die französische Revolution, zugeben, aber für seine Richtung, wenigstens wie sie heutzutage bekannt wird, bestreiten. Um diesen Einwurf, der wohl der gewichtigste ist, in gehöriges Licht zu stellen, wählen wir einen philosophisch gebildeten Liberalen der Gegenwart zum Führer. „Liberalis", sagt Dr. Frohschammer [1], „war bei den Völkern des classischen Alterthums ein freigeborner Mann, von edler freier Gesinnung und dieser entsprechendem Verhalten Andern gegenüber. Ein Mann, dem jeder Sklavensinn und jede Gemeinheit der Seele fremd war, und welcher zugleich, fern von Egoismus und Kleinlichkeit, Andern gegenüber sich großmüthig, gütig, freigebig erwies, ihnen gerne die leiblichen wie die geistigen Güter des Lebens gewährend, wie er sie selbst in Anspruch nahm." Das scheint nun zu den Erfindern der italienischen und der philosophischen Glückseligkeit überhaupt nicht zu passen, schon deßhalb nicht, weil sie Andere von den Gütern, die sie selbst ansprechen, sobald es z. B. Ultramontane sind, ausschließen, und das mit dem Bewußtsein, in ihrem Rechte sich zu befinden [2]. Doch lassen wir Herrn Dr. Frohschammer ausreden, um über die vermißte Uebereinstimmung mit den Freunden der italienischen Wohlfahrt in's Reine zu kommen. Es kommt darauf an, was man unter freier Gesinnung versteht, und welche Güter es sind, die der Liberale für sich und Andere anspricht. Nach Herrn Dr. Frohschammer strebt der Liberalismus keine andern Güter an, als das wahre Christenthum, welches fordert, „den Mitmenschen alles Recht, alle Würde, alle Ehren und Vorzüge, deren die Menschennatur fähig ist, und die sie erheben, beglücken und adeln — soweit als nur immer möglich ist, zu gewähren, und die Befähigung dafür zu wecken und auszubilden" [3]. Wir scheinen uns immer weiter von den Nachfolgern der Danton, Marat,

---

[1] Athenäum III. Bd. I. H. 1864. S. 87.
[2] Siehe oben §. 4 S. 63.
[3] A. a. O. S. 91.

St. Just und Robespierre und den Aechtern des Christenthums zu entfernen. Und doch erklärt Herr Dr. Frohschammer eben die Philosophen des vorigen Jahrhunderts für echte Liberale; ihre Feindseligkeit gegen das bestehende Christenthum und seine Ordnung in Staat und Kirche soll nicht der Liberalismus zu verantworten haben, es seien Ausschreitungen, welche die Gegner des Liberalismus verschuldet haben. Die Philosophen des vorigen Jahrhunderts mit ihrem Rufe: écrasez l'infâme, waren sonach wahre Christen im Sinne von Herrn Dr. Frohschammer, wie ihre Gegner Feinde des wahren Christenthums sind, und wie wir von Pius IX. folgerichtig sagen müssen, er kenne das Wesen der christlichen Liebe, den Inhalt des wahren Christenthums, nicht, während seine Feinde sich auf diese Liebe meisterhaft verstehen. „Ist", fragt Herr Dr. Frohschammer, „jener das historisch Gewordene und Bestehende verneinende und auf dessen Zerstörung ausgehende Liberalismus des vorigen Jahrhunderts, den man zu nennen pflegt, wenn man etwas Widerchristliches, Widergesetzliches, Revolutionäres ꝛc. bezeichnen will", „wirklich, wie man so oft anzunehmen beliebt, ganz und gar dem Wesen nach verschieden von jener oben bezeichneten Liberalitas des Alterthums und zugleich wesentlich verschieden von dem christlichen Grundprincip der Liebe und diesem widersprechend? Die Antwort kann nur sein, daß derselbe von jenen wohl in der Form und in den Realisirungsmitteln verschieden und selbst widersprechend erscheint, seinem tieferen Wesen nach aber nicht. Er trat verneinend, zerstörend auf, aber das ist nicht sein Wesen, sondern nur seine Erscheinungs- und Wirkungsweise gegen das, was er selbst für verneinend und zerstörend den Forderungen des Liberalismus gegenüber hielt und was es auch war, gegen Entziehung nämlich des Rechtes, der Freiheit und der Würde, die jedem Menschen seiner gottgegebenen Natur gemäß gebühren." S. 93 ff. Herr Dr. Frohschammer drückt sich noch deutlicher über dieses Wesen des Liberalismus und seines wahren Christenthums aus, wenn er jene Richtung auf die Menschenwürde in Gegensatz stellt zu der Richtung auf das Jenseits. „Jedermann ist darin einverstanden, daß derjenige weder liberal noch christlich denkt und handelt, der seine Mitmenschen ... in leiblicher Noth schmachten läßt... Sollte es aber nicht ebenso sehr vom Geiste oder Wesen des christlichen Grundprincips der Liebe gefordert sein, allen Mitmenschen, so weit es immer möglich ist, auch die geistigen Güter und Rechte zu gewähren?" Der nun nahe liegenden Hinweisung auf die durch eine Geschichte von 18 Jahrhunderten beleuchteten Mahnung Christi: „suchet zuerst das Reich Gottes und seine Gerechtigkeit" (das Uebernatürliche, im Besitze Gottes sich Vollendende), „und alles Uebrige" (die natürlichen Güter dieses Lebens, der leiblichen und geistigen Nothdurft zur Steuer) „wird euch zufallen", welche den besten Aufschluß über das Wesen und den Inhalt der christlichen Liebe gibt, weicht Herr Dr. Frohschammer aus, um sein wahres Christenthum nicht zu verlieren. „Es liegt nahe, in letzterer Beziehung auf die moralische Zucht und Bildung hinzuweisen, als welche im Geiste des Christenthums genüge und jeden Menschen seinem wahren ewigen Ziele — das ja im Jenseits liege, zuführe. Allein dieß Letztere kann unmöglich die Gewährung dessen im Diesseits ausschließen oder als gleichgültig wenigstens erscheinen lassen, was als die eigentliche höhere Bildung und Erhebung der Menschen vor den andern Wesen betrachtet werden muß." Also die „eigentliche höhere Bildung und Erhebung des Menschen", das, was der Liberalismus als eigentlichen Gegenstand seines Strebens und seiner Liebe anerkennt, ist verschieden von dem, was den Menschen seinem wahren, ewigen Ziele entgegenführt. Aber diese Menschenliebe ist die natürliche, nicht die specifisch christliche Liebe; es ist die allgemein menschliche Liebe, welche durch jene geadelt und über den Kreis und die Ordnung der Natur hinausgetragen wird. Tritt sie in Gegensatz zur christlichen Liebe, wie sie vom Liberalismus in der That im Gegensatze gefaßt wird, so ist sie die sogenannte Humanität, durch den Gegensatz ein widerchristliches Princip, von welchem sich die Liberalen des vorigen Jahrhunderts, wie heute Mazzini, zu einem Vernichtungskriege gegen die Kirche und das historische Christenthum verleiten ließen. Hier genügt es uns, durch einen Liberalen anerkannt zu sehen, daß das System im Wesen dasselbe heute noch ist, wie es in der französischen Revolution sich geoffenbart hat, und wenn Herr Dr. Frohschammer überhaupt als Bestimmung desselben bezeichnet, „gegen die Erstarrung... der Menschheit und Völker fortwährend zu wirken... und Fortschritt zu erhalten"; und mit derselben seiner Partei charakteristischen Unbestimmtheit fortfährt, Alle, in denen sich die „höhere Menschenwürde" darstellt, seien die Märtyrer des Liberalismus, „die ideale und ethische Natur des Menschen", sei es, „die ihn zu dem führt und befähigt, was man als Liberalismus bezeichnet"[1]: so haben wir fast in den Ausdrücken Uebereinstimmung mit den Anhängern jenes „unerbittlichen Gesetzes des Fortschrittes" oder

---

[1] S. 96, 117.

des Naturgesetzes, das wir bei Mazzini und in der römischen Republik
kennen gelernt, nur mit dem Unterschiede, daß die letzteren bündiger und
meist auch ehrlicher im Ausdruck und sicherer in ihren practischen Ziel-
punkten sind.

58. Die zweite Einwendung gegen unsere Behauptung, daß der Liberalismus wesentlich antinomistisch sei, könnte sich darauf berufen, daß er
Nichts so sehr betone als das Gesetz. Gerade die Herrschaft des Gesetzes herzustellen, haben wir gehört, ist das Streben, ja das Verdienst
der Liberalen aller Farben; „Herrscher ist das Gesetz", sagt Mazzini,
und in den Reden des Convents wird eben das besonders hervorge-
hoben, wie wir gesehen, daß das Gesetz und zwar mit eiserner Despotie
über den Bürgern herrschte, einem Zustande gegenüber, der von Aus-
nahmen und Privilegien wimmelte[1]. Könnte man nicht mit mehr Recht
sagen, daß die Bedeutung des Gesetzes überschätzt und der Umkreis seiner
Wirksamkeit auf Kosten der Freiheit zu sehr erweitert sei? Läßt sich das
nicht auch aus den Wirkungen, die wir in der höchsten Blüthezeit des
Liberalismus wahrnehmen, erkennen? Wie wäre z. B. jene furchtbare
Centralisation möglich geworden, durch welche Frankreich dem gesammten
Europa Trotz bot, wenn nicht die liberale Partei ihr Regiment unter
die Majestät des Gesetzes gestellt hätte? Allein schon oft haben wir Anlaß gehabt, davor zu warnen, daß man der liberalen Phrase den Wort-
sinn unterstelle, den sie zunächst darbietet. Die „christliche Liebe", „das
wahre Christenthum" und Aehnliches bieten naheliegende Proben. Eine
weitere steht vor uns in der „unerbittlichen" „Herrschaft des Gesetzes",
womit die Schreckensmänner sich brüsteten. Es war die Herrschaft der
Guillotine und des Schreckens, mit despotischer Willkür im Hintergrunde[2],
die sich allerdings in den Formalismus des Gesetzes kleidete, aber von
einem Gesetze, von Etwas, was diesen Ehrennamen wirklich verdient
hätte, war in jener anarchischen Sturmperiode nicht mehr die Rede.
Das Gesetz, durch ein viele Jahrhunderte hindurch befestigtes Herkommen
geheiligt, seine schützende Hut ausdehnend über das Haupt des Königs

---

[1] Siehe oben S. 41.
[2] Sehr bezeichnend war es, als Chabot im Jakobinerclub dem Bürger Robespierre weitere Zugeständnisse für die Sache der Freiheit und Gleichheit, namentlich
Abschaffung jeder Executive, abverlangte (die Verfassung von 1793 ging ihm nicht
weit genug!) und dann beifügte: „man wird mich fragen, welches wird die Bürgschaft für die Freiheit (nach Abschaffung der Executive) sein?" Ich antworte: „die
Guillotine". Buchez XXVIII. 189.

und sein Volk, war den Schlägen der Revolution gefallen; ein Nothbau war errichtet worden, ein Surrogat des Gesetzes, in der Verfassung von 1791, eine Hütte im Vergleich zu jener majestätischen Halle; und wie lange hielt sie Stand? wie lange galten überhaupt die „Gesetze" dieser revolutionären Versammlungen? Wie oft wechselte selbst das Grundgesetz mit seinen unveräußerlichen Menschenrechten? Anordnungen, die heute einer Faction Schutz gewährten und die andere stürzten, machten morgen ihre eigenen Schutzbefohlenen vogelfrei. Von einer „festen, sichern Anordnung zum Wohle der Gemeinschaft" war ebenso wenig etwas wahrzunehmen, als von einem rechtmäßigen Herrscher, dem ein Gesetz hätte entfließen können [1]. Geheime Clubs nämlich, die den Eierschalen der Revolution noch nicht entschlüpft waren, wurden als Gesetzgeber willig hingenommen, nachdem der große moralische Selbstmord begangen war, bis die eiserne Faust des Dictators die auseinanderstrebenden Willen in eine neue Form zwang. Es fehlen mithin jenen Fulgurationen revolutionärer Willkür geradezu alle Eigenschaften eines Gesetzes: die Beziehung zum Gemeinwohl, die Dauer, die Gerechtigkeit, der rechtmäßige Ursprung; es waren vielmehr Ausflüsse einer Willkürherrschaft, welche keinen andern Boden hatte, als den der Gewalt; Maßregeln, um das wirkliche Recht, die Herrschaft des wirklichen Gesetzes, bis zur letzten Faser auszureißen. Ein Geist nun, der das Gesetz von Grund aus mit der Wurzel vertilgt, das Gesetz gar nicht mehr aufkommen läßt, ist gewiß auf Zerstörung der Gesellschaft gerichtet und in seinem Wesen antinomistisch. Der Liberalismus aber war in jener Gesetzesumwälzung nach seinem reinen Wesen thätig, die französische Revolution ist reiner Fortschritt. Es erhellt also aus der französischen Revolution, daß der Liberalismus wesentlich antisocial, Auflösung der Gesellschaft, antinomistisch ist.

59. Ein dritter Einwand könnte den Vorwurf der Auflösung der Gesellschaft bezüglich der socialistischen Systeme allenfalls zugeben, aber von den politischen Fractionen, wenigstens dem Liberalismus im engeren Sinne, abwehren. Man würde sich darauf berufen, daß die Geltendmachung der Menschenwürde und ihrer natürlichen Rechte etwas vor der Vernunft vollkommen Berechtigtes sei; ferner, daß es dieser anheimgegeben werden müsse, über die richtige und beste Staatsform, über die Bürgschaften

---

[1] Lex est ordinatio superioris in communitate perfecta, stabilis, permanens, justa, ad bonum commune facta, wie die Schule auf Grundlage der Lehre des hl. Thomas S. 1. 2dae. q. 90 sqq. festhält.

gegen den Mißbrauch der Gewalt, zu urtheilen. Man hebt wohl auch zur Rechtfertigung der liberalen Richtung die Fehler hervor, welche theils monarchische Regierungen, theils die von ihnen beschützten Stände sich haben zu Schulden kommen lassen. Der eigentliche Fragepunkt, der durch eine Vergleichung mit der kirchlichen Reform am besten in's Licht gesetzt werden kann, ist mit alldem nicht berührt. Daß Mißbräuche in der Kirche eine Reform nöthig machten und allzeit nöthig machen, so oft sie sich einstellen, wird von katholischer Seite nicht bestritten, wohl aber, daß Mißbräuche je berechtigen, die Einrichtungen der Kirche selber anzutasten. In den politischen Dingen ist der Natur der Sache nach und wegen der Veränderlichkeit der menschlichen Dinge ein weiterer Spielraum der menschlichen Freiheit, beziehungsweise dem Urtheile der Vernunft geöffnet, als in kirchlichen, aber eine feste Grenze ist auch hier durch das Gesetz der Natur, dem alle Gewalt untersteht, gezogen. Dieses Gesetz in seinen obersten Grundsätzen leicht erkennbar, durch Gesetze und Herkommen wie durch die menschliche Vernunft ausgelegt, schützt die Religion, die rechtmäßige Gewalt, das Eigenthum, die persönliche Freiheit und ihre Güter. Würde der Liberalismus nur die Forderungen des Naturgesetzes gegen Mißbräuche, woher immer sie kommen, aufrecht halten und Bürgschaften dagegen suchen wollen, so wäre nichts löblicher als das; wir setzen voraus, daß auch in der Art, wie es geschähe, die Forderungen des Naturgesetzes beobachtet würden. Ein Liberalismus dieser Art, weit entfernt, von der Kirche beanstandet zu werden, hätte an ihr die eifrigste Vertheidigerin, worüber die Geschichte der Kirche, wie das nächste beste von ihr gebilligte Moralcompendium genügende Aufschlüsse bieten. Ebenso wäre kein Anlaß, die Beschuldigung des Antinomismus zu erheben, wenn der Liberalismus nichts als eine Vorliebe für gewisse, sei es demokratische oder gemischte, Verfassungsformen wäre; hier ist nun einmal neben dem Naturgesetze, das nicht in die Einzelnheiten herabsteigt, auch dem politischen Urtheil sein Recht einzuräumen, und daß die Kirche diesem Rechte nicht zu nahe tritt, oder für eine bestimmte Form nicht Partei nimmt gegen eine andere, beweist der tiefe Friede, in welchem sie mit den Republiken der mittleren wie der Neuzeit lebte. Der Liberalismus, der weiß was er ist, ist etwas anderes, bekennt sich zur Gleichheitslehre, als dem ausschließlich berechtigten Naturrechte, und betrachtet alle rechtmäßig bestehende Gewalt als eine vom Volke stammende, ihm zugehörige. Und noch bevor er zu dieser Verherrlichung des menschlichen Willens kommt, befreit er denselben, wenigstens in der

Gesellschaft, von den Verpflichtungen, die ihm als einem creatürlichen Willen mit auf den Weg gegeben sind und bringt damit die Menschen sowohl zu ihrer irdischen als höheren überirdischen Bestimmung in eine falsche Stellung. Eine Strafe eigentlich mehr als eine Folgerung hieraus ist es, wenn er über den Staatszweck die verkehrte Ansicht aufstellt, derselbe bestehe in der Aufrechthaltung der natürlichen Freiheit und Gleichheit, die beide eben mit dem Staate, zum Wohle der Freiheit, zu ihrer Sicherung und Veredlung verlassen werden müssen, damit es zum staatlichen Leben komme. Der Liberalismus verwechselt hier die Strebeziele einer revolutionären Partei, in deren besonderem Parteiinteresse es lag, den bestehenden christlichen Staat umzuwälzen, mit den von der Natur aufgestellten Endzielen der gesetzlichen Ordnung, und will diese Verwechslung durch Terrorismus schützen.

60. So führt also, jeder Einrede entgegen, eine unbefangene Erwägung der Gleichheitslehre zu unserem Ausgangspunkte zurück: der Liberalismus ist ein Feind des Gesetzes, und da dieß das Band der menschlichen Gesellschaft ist, ein Feind des eigentlich Gesellschaftlichen in der menschlichen Natur. Die Wirkungen des liberalen Systems, oder die Wirkung desselben, die sociale Auflösung, ist klar genug aus den kurz durchlaufenen Gestalten und Formen. Das Gesetz, was so genannt werden darf, ist, wo immer es auftrete, ein den Menschen mit dem Menschen und beide mit der göttlichen Macht in der Rechtspflicht zusammenschließendes Band. Der Liberalismus, wo immer er auftaucht, ist Lösung, das reine Gegentheil des Gesetzes: Lösung von der Kirche, Streit zwischen dem, was Gott geeint hat in seiner Gesetzesführung, Lösung des Bandes zwischen Unterthan und Obrigkeit, Parteiherrschaft, und dabei die unheimliche Geheimbündelei, die mit dem gesetzlichen Zustande schlechtweg unverträglich ist, eine unerläßliche Zugabe. Wäre der Liberalismus irgendwo ohne Geheimbünde zur Herrschaft gelangt? Geheimbünde aber zerstören durch sich selber alle Gleichheit vor dem Gesetze und stellen die höchsten persönlichen Güter in Frage. Selbst Freiheit und Gleichheit erscheint so nur als ein Deckmantel, um das reine Gegentheil von Beidem zu bedecken und aufrecht zu halten. Was er als natürliche Menschenrechte aufstellt, ist, genauer besehen, fast durchgängig ein Krieg gegen die natürlichen Socialrechte der Menschen, und Gleichheit und Freiheit in seinem Sinne die Permanenz dieses unnatürlichen Socialzustandes. Wir sagen in seinem Sinne; denn Vernunft und Glaube weisen diesen beiden Worten, recht verstanden, die höchste Stelle in

der Menschenwürde zu, den Besitz Gottes als unbeschränkte Freiheit, sein Ebenbild als Bürgschaft der Gleichheit anerkennend. Aber der Liberalismus sucht sie, wie die Menschenwürde überhaupt, in dem, wo sie eben nach dem Willen des Schöpfers nicht sind, wo sie nicht sein können, ohne einen Krieg Aller gegen Alle zu erzeugen, dem abzuhelfen die Bestimmung des Gesetzes ist. Das Gesetz in seiner Richtung auf das Gemeinwohl beschränkt die individuelle natürliche Freiheit, gibt ihr für den Verlust sociale Güter und eine höhere sittliche Dignität; und hinwiederum hebt das Gesetz, das ohne gesellschaftliche Gewalt gar nicht zu Stande kommt, mit seinem Eintritt die Gleichheit zwischen den Staatsbürgern auf, oder vielmehr befestigt und verstärkt die schon zuvor durch die Familien- und religiöse Ordnung, durch Sitte, Besitz, Verdienst, Begabung bestehende, durch die persönliche Freiheit geforderte Ungleichheit. Dem Gesetz vorschreiben, daß es die Gleichheit herstelle, heißt ihm einen Krieg gegen die Natur, das Recht, die göttliche Ordnung zur Pflicht machen, heißt es selber unmöglich machen. Ferner lehren, daß zur Bewahrung der Freiheit unter dem Gesetze unerläßlich sei die Mitwirkung zum Zustandekommen des Gesetzes, heißt die höhere, erziehliche Natur des Gesetzes, das die Menschen durch den Gehorsam zu Menschen macht, verkennen, den Gehorsam in der Wurzel fälschen und das Göttliche am Gesetze, die Bürgschaft seiner Majestät, abstreifen.

§. 8. Fortsetzung. Der consequente Liberalismus führt zur entwickeltsten Form des Antinomismus.

61. Unsere bisherigen Ergebnisse gehen in dem zusammen, daß der Liberalismus als Parteibestreben eine tödtliche Socialkrankheit ist. Das Leben der Gesellschaft ist die Geltung des Gesetzes. Diese Geltung bringt der Liberalismus zum Weichen: er schiebt seine Gleichheitslehre zwischen die Ansprüche der rechtmäßigen Auctorität und das auctoritätsgläubige, weil Gott als dem obersten Gesetzgeber sich willig fügende Gewissen. „Ihr werdet Gott gleich sein", lautete die Verheißung der Schlange, durch welche alles Elend in die Welt gekommen ist. Der Liberalismus hat nun recht eigentlich die Sorge dafür übernommen, daß diese Verheißung des Lügengeistes von den Menschen geglaubt und befolgt werde. Dieselbe ist aber wesentlich Verachtung des göttlichen Gesetzes und aller Drohungen des göttlichen Gesetzgebers; sie tritt gegen-

wärtig nicht zum ersten Male auf, wohl aber war sie nie so umfassend, so keck und dreist als heutzutage.

62. In den ersten Zeiten des Christenthumes zeigt sich schon der Antinomismus: es ist die Verachtung des alttestamentlichen Gesetzes, als einer niedern, vom Christenthum überwundenen Stufe des religiösen Lebens, also ein Antinomismus, der angeblich darauf ausging, die christliche Religion zu verherrlichen, was sich bei mehreren Häresien der ersten Jahrhunderte bis zur feindlichen Entgegensetzung des alten und neuen Testamentes steigerte. Die Folge davon war die Läugnung, daß der Decalog den Christen noch verpflichte. Der Ausgangspunkt für diesen Antinomismus war also das Mißverständniß der christlichen Freiheit vom jüdischen Satzungswesen, wobei eine falsche Ascese und Geisteshochmuth mitgewirkt haben mögen. Der Ueberreiz der Enthaltsamkeit, eine gewisse unnatürliche Härte gegen die Sinnlichkeit, als sei sie etwas an sich Böses, verbunden mit dem dünkelvollen Hange zur Absonderung von den gewöhnlichen Christen, führte bei Vielen zur Gleichgültigkeit gegen die Werke des empörten Fleisches und zu beschönigenden Lehren derselben. Bekanntlich schlagen ja Extreme leicht in ihr Gegentheil über. Die ernsten Mahnungen der Apostel und Bischöfe wurden von den sich weise Dünkenden verachtet und mit dem Gehorsam gegen die Kirche auch die Unterwerfung unter die weltliche Obrigkeit, sowie öffentliche Zucht und Ehrbarkeit bei Seite gesetzt. Mit der Empörung des niedern Menschen vertrug sich das göttliche Glaubenslicht keineswegs, und so entstanden wohl die ersten gnostischen Irrlehren der apostolischen Zeit mit antinomistischen Erscheinungen. Gegen solche dünkelhafte, häretische, unbändige Fleischesdiener warnt der Brief Judä (V. 5. 8. 10 ff.): „Sie beflecken ihr Fleisch, verachten die Obrigkeit und lästern die Majestät, indem sie die Gnade zur Wollust mißbrauchen, sich absondern, sich selber weiden, als thierisch Gesinnte nach ihren Gelüsten leben und lästern, was sie nicht verstehen". Wie eine alte Ueberlieferung sagt, beriefen sich Manche aus ihnen auf die Lehre des Diacons Nicolaus, von dem sie auch den Namen haben sollen. Sie fielen also durch Uebertreibung der christlichen Freiheit in den sittlichen Indifferentismus des Heidenthums zurück. Andere Libertiner, wie die Anhänger des Simon Magus, scheinen denselben gar nicht verlassen und nur eine unsaubere Verquickung heidnischer Orgien mit christlichen Mysterien eingeleitet zu haben.

63. Im Wesentlichen blieb diese doppelte Richtung auch bei den gnostischen Gesetzesverächtern, die bald die Erfüllung des Gesetzes als etwas

Schädliches, bald als etwas Unmögliches, die Gesetzesübertretung aber als einen Durchgangspunkt zum höhern geistlichen Leben darstellten. Das griechische, ägyptische, wie persisch=orientalische Heidenthum bildeten bei Epiphanes und Basilides, bei Valentin, bei Manes, dem Stifter der hartnäckigen manichäischen Secte, welche ihre verderblichen Wirkungen durch die Priscillianisten und Paulicianer bis in das Mittelalter hinein erstreckte, den Naturgrund, aus welchem die antinomistischen Lehren aufstiegen. Im Vordergrund steht bei diesen Antinomisten überall die geschlechtliche Ausschweifung, die Verdammung der Ehe mit verschiedenen Unnatürlichkeiten, die beschönigt wurden; die platonische Gütergemeinschaft schloß sich bei Vielen an. Dabei suchten sie vom Christenthum so viel wie möglich mit ihrer heidnischen Theosophie zu vereinigen. In der zweiten Periode streifen die mittelalterlichen Pantheisten, die äußersten Ausläufer entweder der falschen Mystik (Brüder und Schwestern des freien Geistes), oder der im Geheimen sich fortpflanzenden Manichäer (Katharer, Albigenser u. s. w.) bereits an den totalen Antinomismus an, indem sich bei ihnen mehr und mehr ein umfassender Gegensatz gegen die gesammte bestehende Ordnung ausbildete, welcher diese zu ganz energischen Widerstandsmaßregeln aufrief. In der Reformationszeit wirkten die gleichen Richtungen zusammen und trieben ihre äußersten Consequenzen in den zahllosen Schattirungen der Wiedertäufer, unter denen neben den exaltirtesten Schwärmereien zugleich die grobsinnlichsten, bis zur Fleischesanbetung vorschreitenden, antinomistischen Verirrungen sich vorfinden. Die Widersetzlichkeit des Fleisches steht auch hier im Vordergrunde, aber zugleich wird das ganze Gesetz mit klarem Bewußtsein als für Christen unverbindlich erklärt, der weltlichen Obrigkeit die Berechtigung über Christen zu gebieten abgesprochen und eine neue gesellschaftliche Ordnung mit communistischer Grundlage angestrebt.

64. Damit bilden sie einen Uebergang zu den Antinomisten des 18. und 19. Jahrhunderts, welche aber eine viel entwickeltere Form des Antinomismus darstellen. Denn als gelehrige Schüler der ungläubigen Philosophie Englands und Frankreichs beseitigten sie die letzten Ueberreste des christlichen Gesetzes, an welchem auch die Wiedertäufer noch als an einer göttlichen Religion festhielten, und sprachen im Gegensatz zu jedem Autoritätsglauben eine unbeschränkte Antonomie für die individuelle Vernunft an. Die Folge hievon ist, daß bei ihnen sich die individuelle Einsicht zum vollkommen unabhängigen Schiedsrichter in den höchsten religiösen, sittlichen und politischen Fragen aufwirft, in allen religiösen

Ueberzeugungen nur gleichstehende, natürlich entstandene Meinungen und in den Gesetzen vorübergehende Producte menschlicher Geistesthätigkeit und nichts weiter anerkennt. Um diese Umwälzung der christlichen Weltanschauung zu bewirken, waren alle Waffen des Spottes aufgeboten worden, das Heilige, Ueberlieferte lächerlich zu machen, die Tugend als Wahn, den Glauben an eine jenseitige Vergeltung als Aberglauben bei Seite zu schieben. Damit hatte man aber bereits den letzten Pfeiler des Sittengesetzes, den Glauben an eine göttliche Weltregierung und ein ihr zu Grunde liegendes ewige Gesetz des heiligen Gottes erschüttert, und wenn nunmehr die antinomistische Lehre, die Beschönigung der sittlichen Ungebundenheit und entfesselten Leidenschaft, sich in Bewegung setzte, so mußte sie total werden, sich des sittlichen Menschen völlig bemeistern, weil die Religion mit der letzten Wurzel beseitigt war.

65. Diese Bewegung nun kennen wir als den modernen Liberalismus, und eine unbefangene Vergleichung mit den vorangegangenen Entwickelungsformen stellt von selber die Wahrheit in's Licht, daß er in seiner letzten Phase unter allen Ausgestaltungen des Antinomismus in den christlichen Jahrhunderten die entwickeltste ist. Denn um mit einem Wort das Resultat unserer Untersuchung zu wiederholen, in den frühern Formen finden sich noch Ueberreste des Christenthums, wenigstens schwache Anklänge an die Religion, die aber der liberalistische Antinomismus völlig zu beseitigen sucht. Aehnliches ergibt sich, wenn wir den Letzteren mit dem Heidenthum vergleichen, das schließlich als Naturgrund in den antinomistischen Secten der christlichen Jahrhunderte wirkte. Bei dem protestantischen Antinomismus war es zunächst das schwärmerische Sectenthum des Mittelalters, das als Naturgrund mit dem Abfall von der Kirche thätig war. So kehrten die Brüder und Schwestern des freien Geistes durch die Breschen zurück in die Ruinen und erzeugten längst verschwundene, wunderliche Gestalten: die Grubenheimer, die Gartenbrüder, die Adamiten [1] u. s. w. Im Mittelalter wirkte der Manichäismus mit seinem zwiespältigen Culte für den guten und bösen Gott nach, im Manichäismus selbst aber war es das zoroastrische Heidenthum, bei den ägyptisch-griechischen Gnostikern Epiphanes und Valentin, die Mysterien des griechisch ägyptischen Kreises, welche das Gemisch der das Gesetz aufhebenden Häresien zu Tage förderten. Doch war das Heidenthum, an das sich die Gnostiker

---

[1] Vgl. Dr. Eber, evangelische Inquisition. Dillingen 1573. S. 58 ff.

und Manichäer anlehnten, nicht so von allem Religiösen entleert wie der Unglaube, in den der moderne Antinomismus zurückführt.

66. Das Heidenthum ist nicht aller göttlicher Führung baar; in seiner Jugend ist die Einfalt und Frische der Natur sichtbar und wenn gewiß ist, daß es in seiner Mitte selbst gottesfürchtige Männer barg, aus Beispielen der Vorzeit sowohl, als unter den entarteten Völkerstämmen in den Urwäldern Amerika's wie an den Westküsten von Afrika, so steht es auch fest, daß sich im Heidenthum eine uns nicht näher bekannte, übernatürliche Führung fand, zugänglich denen, welche der Gnade mitwirken und das in ihre Herzen geschriebene Gesetz der Natur beobachten wollten. Es ist der Glaube auf der Stufe der Natur[1], der diesen Heiden in ihren Stammvätern gewiß in hohem Grade noch eigen war, und dem sich die Völker mehr und mehr, durch den Sinnendienst und eine weichliche, üppige Einbildung verführt, entfremdeten. Also auch die Heiden sind in dem, was sie von der monotheistischen Religion der Patriarchen und vom natürlichen Gesetze abweichen läßt, was sie zu Heiden macht, Irrgläubige, sozusagen Ketzer auf der Stufe der Natur, abfallend von dem Glauben dieser Stufe und kümmerlich vom sittlich-religiösen Erbe der Ueberlieferung zehrend. Dieser Abfall zog sie ab von der Erkenntniß Gottes und seines heiligen Willens, der nur noch in den Schauern der Ahnung nachklingt, wie seine rächende Vergeltung in den Schrecken des schuldbeladenen Gewissens. Was sie für jene Erkenntniß eintauschten, der Stand, dem sie sich zukehrten, ist nichts anderes als jener Naturstand, den die Phantasie Rousseau's, des Vaters des heutigen Liberalismus, in einer unglücklichen Stunde seiner Mitwelt wieder hervorgezaubert hat, nur viel entleerter noch von allem Höhern, als er je im Heidenthum gedacht worden war. Denn in jenem weiß der Mensch nichts von einem heiligen Gott, nichts von einem Sittengesetze, nichts von den Banden der menschlichen Ordnung, indem er, völlig frei von dem Gesetze der sittlichen Vernunft, einzig und mit vollen Zügeln der Befriedigung seiner sinnlichen Triebe, ohne Schuldbewußtsein wie ohne Uebersättigung lebt. Es ist der Grund des Naturalismus, von einer genialen Einbildungskraft zum verlorenen Paradiese umgestaltet. Jetzt wurde die sentimentale, in thierischen Schwingungen wurzelnde Empfin-

---

[1] Gemäß der Ausdrucksweise jener Väter und Theologen, die eine dreifache Periode in der göttlichen Führung des Menschengeschlechtes annehmen: die der Natur, des Gesetzes und der Gnade.

dung über eine schöne Landschaft Religion, und die zarte Regung des Mitgefühls mit den Leiden eines Thieres ersetzte die strengen Forderungen der Moral. So stieg der Naturgrund des Heidenthums, das, was die Heiden zu Abtrünnigen vom Gesetze gemacht hat, die Gottvergessenheit und Concupiscenz, empor in den leeren Raum, welchen Corruption und bitterer Spott in dem Menschenherzen hergestellt hatten. Der Zerfall mit Sitte, Gesetz und Religion erhielt seine Sättigung durch sinnliche Gefühle und verführerische, der Unbändigkeit schmeichelnde Lehren von einem Urrechte der Menschen auf Freiheit und Gleichheit; die „im Diesseits sich befriedigende Humanität" mit ihrer Selbstüberhebung über Alles das, was bisher den Menschen zu Gott emporgetragen und seine Würde gerettet hatte, mit ihrem Anspruch auf unbeschränkte Herrschaft gegenüber den lästigen Banden des Herkommens in Staat, Familie und Kirche, begann ihren Lauf, und das war die liberale Bewegung, die wir in ihren Stadien betrachtet haben.

67. Das Heidenthum war der Grund des Antinomismus im Christenthum, der Liberalismus aber, consequent entwickelt, kehrt in den antinomistischen Grund des Heidenthums zurück und zwar nicht mit der Scham und dem Widerstreben, das wir noch im Heidenthume wahrnehmen, nicht mit dem Bewußtsein des Schuldhaften und Sühnungsbedürftigen an solchem Beginnen, nicht mit der Ahnung, daß es das Böse sei, dem man sich ergeben; nein, mit einer durch beispiellose Vergewaltigung des Gewissens bewirkten Sicherheit, daß die verbotene Frucht vom Baume der Erkenntniß der sichere Weg zur Erlangung der Menschenwürde, der sittlichen Reife und Selbstständigkeit sei, daß der Mensch in demselben Grade Mensch werde, als er sich gegen Gottes Leitung empöre und seinen Willen zum unabhängigen Gesetzgeber mache. Ein so tiefer Fall setzt eine weite Entfernung von der Wahrheit voraus, und auch in dieser Hinsicht übertrifft der consequente Liberalismus die vorangegangenen Systeme. Sein Eifer für das Recht der Menschen auf unbeschränkte Meinungsfreiheit schließt Gleichgültigkeit gegen die Wahrheit, wenn nicht geradezu skeptisches Verzweifeln an der Wahrheit in sich. In der That waren die geistigen Väter des Liberalismus: Locke, Hume, Rousseau u. s. w., theils vollendete Skeptiker, theils Sensualisten und Materialisten. Die menschliche Vernunft glaubte schon etwas Großes erreicht zu haben, wenn sie in diesen dunkeln Zeiten der Aufklärung noch einige Gewißheit über die alltäglichen Erfahrungswahrheiten gerettet sah. Also nicht allein das Licht der Offenbarung war ihr untergegangen, sondern

auch die natürliche Evidenz der moralischen und religiösen Grundwahrheiten verloren. So weit hat sich wohl noch selten oder nie zuvor eine Irrlehre von der Wahrheit abgewendet, daß ihr selbst die natürlichen Vorstufen zur Offenbarung, die Begriffe von Recht, Tugend, Gott u. s. w. unverständlich wurden. So wird es klar: der liberale Antinomismus ist die entwickeltste Form von Gesetzesverachtung, die seit Beginn unter den Menschen gewesen ist.

§. 9. **Gegen den Liberalismus gibt es kein Rettungsmittel für die moderne Menschheit außer der katholischen Kirche.**

68. Die göttliche Offenbarung ist eine Führung der Menschen zu einem Ziele, das über dem Kreise ihrer Natur liegt, aber die Natur nicht verletzt oder sie bei Seite schiebt, sondern in sich selber vollendet und vervollkommnet. Die Natur, auf sich angewiesen, möchte alle ihre Kräfte aufbieten, sie würde nie zu jener Heiligkeit und urbildlichen Schönheit, zu jener majestätischen Einfalt emporsteigen, die uns in dem menschlichen Leben Jesu erschlossen ist. Die Heiligen aber und Gerechten, die sich der Gnadenführung Gottes in seiner Kirche überlassen haben, sind seine Nachbilder. Was von diesem Menschenleben gilt, läßt sich in seiner Weise auch von dem Ausdrucke der Wahrheit sagen, den wir in den Worten Jesu und ihrer göttlichgeleiteten Bezeugung und Auslegung in der Kirche finden. Ihre Sicherheit, innere Harmonie und schöpferische Gedankenfülle ist menschlichem Forschergeiste nicht erreichbar, weil ihnen ein gottmenschliches Schauen des unendlich Einfachen, in seiner Einfachheit unendlich Vollkommenen, der Inbegriff aller Weisheit, zu Grunde liegt. Hier auch entfaltet sich der gesetzgeberische Wille Gottes für die Menschen in der reinsten, adäquatesten Form, und die Kirche, von ihrem Stifter beauftragt, unter der Leitung des hl. Geistes die Menschen an diesen Born der ewigen Weisheit zu führen, sie das Gesetz Gottes immer vollkommener kennen zu lernen, besitzt an ihrem Gesetze einen untrüglichen Maßstab, alle Abirrungen der Menschen vom Gesetze zu richten und ihren Abstand von der Wahrheit auszumessen. Von der Führung der Kirche sich entfernen, der geoffenbarten Wahrheit sich entfremden, geschieht nie, ohne daß zugleich das Bild der Natur getrübt, der heilige Wille Gottes, der in ihrem Gesetze sich ausprägt, verkannt würde. Die natürliche Würde des Menschen für sich strahlt

wieder in dem Reiche des Rechtes und der Sittlichkeit, durch die Herr‑
schaft des Gesetzes in der religiös‑sittlichen Ueberzeugnng; die Verkümme‑
rung und Entwürdigung der Menschennatur aber zeigt sich in der Ver‑
wüstung dieses Reiches, in der Verwischung dieser Ueberzeugung, ihrer
sittlichen Grundsätze. Ist schon die Erreichung des reinen Urbildes der
unverdorben gedachten Natur eine moralische Unmöglichkeit für die Men‑
schen ohne die übernatürliche Führung, so ist dieß noch mehr der Fall
in Ansehung seiner Wiederherstellung, wenn es durch die Schuld der
Menschen getrübt und verwüstet ist; namentlich wenn die Verwüstung
bis auf die letzten Grundsätze geht; und was von dem Einzelnen gilt,
muß aber noch viel mehr von ganzen Völkern und Genossenschaften gesagt
werden. Zu den schrecklichsten Verwüstungen gehört nun aber der Antino‑
mismus, die Verachtung des Gesetzes und damit Ausschließung der höhern
sittlichen Bestimmung und Würde des Menschen, durch die Beschönigung der
Herrschaft der Leidenschaft und des Niederen im Menschen. Im Liberalis‑
mus hat diese Irrlehre nach Innen eine Vollendung empfangen, wie nie
zuvor; sie dehnt sich bereits über alle Gebiete des gesellschaftlichen Lebens
aus; zugleich ist durch das Zusammenwirken zahlreicher im Dienste der
Partei stehenden Kräfte die äußere Herrschaft unvermeidlich, wenn nicht
Alles aufgeboten wird, um dieses Unheil abzuwenden. Denn die Herr‑
schaft des Liberalismus ist sociale Auflösung. Wer soll aus seiner At‑
mosphäre herausführen? Diejenigen, die ganz in ihr leben, dieselbe als
ihr Element liebgewonnen haben, gewiß nicht; Jene, die er sich als seine
Vorläufer und Bundesgenossen zu versippen wußte, ebenso wenig. Den
meisten von ihnen fehlt ohnehin, falls sie den Wunsch hätten, herauszu‑
kommen, wenn nicht die physische Kraft, so doch die geistige Höhe, um
ihn zu überschauen und zu beherrschen.

69. Hier ist, so weit man auch blickt, einzig die katholische Kirche fähig,
der Aufgabe zu genügen. Sie hat einmal den Beruf für alle Zeiten
und alle Mächte der Erde, sie aus dem Irrthum zur Wahrheit zu führen
und das Leben durch Entsühnung und Heiligung nach dem Bilde Christi
zu formen; sie besitzt alle Mittel zur Heilung der Wunden, welche der
Liberalismus den Einzelnen wie der Gesellschaft schlägt. Der Liberalis‑
mus löst die geselligen Bande, die Kirche ist eine energische Friedens‑
stifterin, weil eine höhere göttliche Liebe in ihr waltet; der Liberalismus
entspringt aus dem Unglauben, der bis zur Verdunkelung der einfachsten
Wahrheiten vorschreitet. Aus dieser Finsterniß führt den Menschen nur
das göttliche Licht der Offenbarung, das der Kirche anvertraut ist, nicht

menschliche Weisheit. Man muß kindlich glauben lernen, bevor das verwüstete Reich der sittlichen und vernünftigen Gesetzgebung in uns wieder aufgerichtet und die Heiligkeit und Unerbittlichkeit des Gesetzes begriffen werden kann. Die Kirche allein besitzt die mütterliche, uneigennützige, geduldige Liebe, um sich dieser schweren Aufgabe, durch gesunde Grundsätze zu heilen, mit Erfolg hinzugeben. Wird sie von dem Unverstande oder den Feinden alles Guten verfolgt, so hat sie die Verheißung übermenschlichen Beistandes; sie hat schon ähnliche große Kämpfe vom Beginne ihres Bestandes an siegreich durchgefochten, auch als ihr christliche Staatenordnungen, deren Interesse hier im höchsten Grad betheiligt ist, nicht zur Seite standen, auch als der mächtigste Staat der Welt, in dem die Energie der Menschheit und alle ihre Genialität concentrirt schien, gegen sie in's Feld rückte. Die Kirche sodann ist mit einem klaren Bewußtsein ausgerüstet, das sich wie ein Keil zum Antinomismus jeder Gestalt verhält; wo sie eindringt, muß dieser Gegner weichen, wo der Gegner herrscht, unterliegt und leidet sie. Nichts ist unverträglicher, als die Lehre und Heilsordnung der Kirche und der Antinomismus. Das heilige Gesetz Gottes in seiner ganzen unerfaßbaren, sich im Schooße der Ewigkeit verlierenden Tiefe, wie in der unerreichbaren Höhe seiner Heiligkeit, ist ihr Eigenthum; und die Gewalt, die Geister der Empörung zu bannen, die aus den Finsternissen aufsteigen, um die armen Menschenkinder zu berücken und sich durch Geisteshochmuth und Unbändigkeit gleichförmig zu machen, ist Niemanden außer ihr anvertraut. Endlich hat sie unaufgefordert längst begonnen, sich mit ihrem Feinde zu messen, sie hat ihn erschaut und gezeichnet, wie er sich im Lichte der Offenbarung gibt, als viele ehrliche Gegner desselben, von seinem trügerischen Glanze und seinen Siegen geblendet, ihm erlagen; und das Rundschreiben Pius' IX. vom 8. December 1864 ist nur die Vollendung des kirchlichen Urtheils über den Liberalismus, freilich ein so umfassendes, erschöpfendes Urtheil, daß er bereits als im Herzen getroffen angesehen werden kann, wie lange auch noch seine Zuckungen und Windungen andauern mögen.

70. Als nämlich der heutige Liberalismus sein erstes Bekenntniß in der ersten Erklärung der Menschenrechte ausgesprochen hatte und dem Worte entsprechende Thaten gegen die Kirche und die bestehenden Ordnungen des Staates folgen ließ, erhob der hl. Stuhl, nach reiflicher Würdigung, seine Stimme, um die Grundlage, wie das darauf errichtete Gebäude, vor der christlichen Welt zu verurtheilen. Die liberale

bürgerliche Constitution, auf welche der französische Clerus nach dem Willen der Nationalversammlung beeidigt werden sollte, diese eigenthümliche Vollendung des Gallicanismus, zugleich die Basis für das liberale Kirchenrecht des 19. Jahrhunderts in und außer Frankreich, gab den Anstoß; sie, erklärte Pius VI., sei nicht frei von Schisma und Häresie. Der Papst berief sich darauf, daß, indem der Kirche alle äußere Jurisdiction bis auf jene entzogen wurde, welche die bürgerliche Obrigkeit verleiht, damit die revolutionäre Versammlung sich die oberste Gewalt angemaßt habe, die Kirchenverfassung im Widerspruch mit Dogma und bestehender Disciplin zu ändern, und das in einem Umfange, wie es zuvor weder Gallicaner noch Febronianer gewagt, eben das beweise auch ihr Begehren, daß die Bischöfe durch Eidesleistung diese oberste Gewalt anerkennen. Der Papst verwunderte sich nicht hierüber, im Hinblicke auf die ganze Richtung der Versammlung, die offen darauf ausgehe, „die katholische Religion, und mit ihr den dem Könige schuldigen Gehorsam abzuschaffen." So kommt er auf die liberalen Grundsätze von der Freiheit und Gleichheit, welche dem Menschen im Stande der Gesellschaft verbleiben sollen, und ihre practischen Folgen. Er erklärt dieselben mit der staatlichen und kirchlichen Ordnung, der Vernunft und Offenbarung als gleich unvereinbar. Die in der Erklärung der Menschenrechte enthaltene Lehre: daß der Mensch auch noch in der bürgerlichen Gesellschaft sich einer allseitigen Freiheit erfreue, daß er namentlich bezüglich der Religion nicht beunruhigt werden dürfe, und es bei seinem Belieben stehe, über ihren Inhalt, was er will, zu meinen, zu reden, zu schreiben und durch den Druck zu veröffentlichen, diese Lehre heißt dem Papste nichts anderes, als die Vernunft, die höhere sittliche Natur bestreiten, wodurch der Mensch sich vom Thiere unterscheidet. Denn schon sie führt zur Religion und zu anderen Pflichten. Deutlich ist ihr Widerspruch mit der Offenbarung; denn alsbald nach der Schöpfung wird die Freiheit durch ein Gebot beschränkt; nachdem die ersten Gebote übertreten waren, werden neue hinzugefügt. Wo ist da jene Freiheit zu urtheilen und zu handeln? Man muß dem Schöpfer sein oberstes Recht auf Gesetzgebung für sein moralisches Geschöpf bestreiten, um sie zu behaupten. Doch schon die menschliche Natur lehrt den Widersinn dieser unbeschränkten Freiheit. Sie leitet die Menschen zur Geselligkeit in Familie und Staat an, aber hiezu wie zur Verehrung Gottes ist Erziehung nöthig, die Erziehung setzt eine elterliche Gewalt und Unterwerfung von Seite der Kinder voraus. Der Staat besteht gleichfalls nicht ohne oberste Gewalt und entsprechenden Gehorsam. Darüber herrscht allgemeines Einverständniß unter den Menschen, daß man dem Inhaber der obersten Gewalt gehorchen müsse, „weßhalb diese Gewalt nicht sowohl von einem bürgerlichen Vertrage, als vielmehr von Gott, als dem Urheber der Rechtsordnung, herzuleiten ist." „Denn es ist keine Gewalt als von Gott" (Röm. 13, 2). Wo bleibt da die unbeschränkte Freiheit und die allgemeine Gleichheit? Die ihr entgegengesetzte katholische Lehre (von der sowohl natürlichen als positiven Verpflichtung des Menschen zur Unterwerfung unter die rechtmäßig bestehende Gewalt als eine göttliche Anordnung, womit die Freiheit und Gleichheit im liberalen Sinne ausgeschlossen ist) wird in der hl. Schrift klar ausgesprochen, ist auch von der Kirche zu allen Zeiten, namentlich aber den Antinomisten des Mittelalters, den Beguarden, und später den Wiclefiten gegenüber, festgehalten worden. Man ersieht hieraus, Pius VI. hat den antinomistischen Charakter des Liberalismus, wornach er gerade die vornehmsten Bestandtheile des göttlichen, schon in die Natur eingeschriebenen Gesetzes, die Unterwerfung unter Gott als seinen Schöpfer in der Religion, und den Gehorsam gegen die oberste Gewalt im Staate als eine göttliche Anordnung angetastet hat, ausgesprochen. Im Lichte dieses kirchlichen Urtheils wird auch der innere Zusammenhang offenbar, welcher zwischen dieser Gleichheitslehre und der schismatisch-häretischen Vollendung des Gallicanismus oder der Vergewaltigung der Kirche durch die angemaßte Oberhoheit der revolutionären Versammlung besteht; und der weitere Verlauf der Revolution mit ihren schrecklichen Verwüstungen darf als Strafe dafür angesehen werden, daß die Versammlung sich nicht bewegen ließ, von dem abschüssigen Wege der Kirchenverfolgung zurückzuweichen.

71. Pius VII. ist diesem Verdammungsurtheil seines Vorgängers gegen die Revolution treu geblieben, und hat in seiner Encyclica Diu satis jene treuen Priester belobt, welche den Tod dem Eide auf die neue Verfassung vorgezogen haben [1]. Die Uebertragung der Grundsätze der bürgerlichen Constitution auf deutschen Boden, welche mit der Säcularisation der deutschen Kirche hier ähnliche Zustände bereitete,

---

[1] .... „Quam illiciti et nefarii Sacramenti labe pollui ac scelere alligari, atque Sedis Apostolicae decretis ac sententiis non parere". Im Recueil des allocutions citées dans l'Encyclique du 8 Décembre 1864, p. 120—122.

wie jenseits des Rheines, namentlich aber die Basis für das liberale Kirchenrecht herstellte, dem sich die Katholiken erst in den letzten Jahrzehnten einigermaßen zu entwinden vermochten, fanden den hl. Stuhl auf seinem Posten, wie unter Anderem das erste Schreiben dieser Art an den Churfürsten Maximilian von Baiern vom 12. Februar 1803 aus Anlaß des baierischen Edicts vom 21. August 1801 beweist [1]. Und was ist das Rundschreiben vom 8. Dezember 1864 mit dem Syllabus anders, als ein Mahnruf an die gesammte Christenheit, um sie zu einer energischen Selbstaufraffung gegen das in ihren Eingeweiden wüthende Socialgift zu bewegen? Was spricht aus diesem Acte anders, als die klare Erkenntniß der Schwere des Uebels, woran wir leiden und der heiße Wunsch des Oberhirten, in dieser zeitliches und ewiges Verderben drohenden Noth uns Hilfe zu bringen? Entrollt nicht die Encyclica vor unsern Augen alle die Angriffe, welche der vereinigte Liberalismus seit einem Jahrhunderte unaufhörlich mit allen Mitteln von Gewalt und List auf die christliche Ordnung und ihr Gesetz erhebt?

72. Das Gesetz Christi, dieses ebenso einfache als majestätische Socialgebäude, das sich über den Grundfesten des Decalogs erbaut, mit seinem erhabenen Prolog im apostolischen Glaubensbekenntnisse: Ich bin der Herr, dein Gott, der geboren aus der Jungfrau, dich am Kreuz von deinen Sünden erlöst hat und auferstanden von den Todten, im Himmel thront, um einst zum Gerichte wiederzukommen, der dich heiligt in der Kirche durch ihre Gnadenmittel, ihre Lehren und Gebote; dieses Gesetz: du sollst Gott lieben aus ganzem Herzen, deinen Nächsten wie dich selbst, an dem Moses und die Propheten hangen, auf das zurückgehen alle Unterweisungen der Apostel, der Väter und der Kirche, von dem getragen werden alle natürlichen und übernatürlichen Ordnungen — wird uns gezeigt als angegriffen in allen seinen Bestandtheilen. Gott, die Erschaffung und Regierung der Welt ist es durch den Pantheismus und Materialismus; Christus, seine Auferstehung und Himmelfahrt durch die Läugnung seiner Wunder und seiner Person; die Kirche durch Bestreitung ihrer göttlichen Stiftung und der ihr gebührenden Unabhängigkeit; das ganze Moralgesetz durch die Lehren, daß das Sittengesetz und das Recht nichts mit göttlicher Sanction zu thun haben, daß das höchste Gut nicht im Besitze Gottes, sondern in irdischen Gütern und Genüssen

---

[1] Roskovani Monumenta. III. N. 583.

zu suchen und das höchste Gebot die Liebe zum Vaterlande sei, die Alles erlaube. Auf diese Untergrabung des Gesetzes Christi und seiner Ordnungen sind die Bestrebungen der Geheimbünde, ihre Propaganda durch die Literatur, liberale Vereine u. s. w. gerichtet; ihre Verbündeten sind alle Gegner der kirchlichen Freiheit und Unabhängigkeit, alle Förderer des Indifferentismus, alle Gelehrten, welche sich dem Gehorsam gegen das Lehramt des hl. Stuhles entziehen, alle offenen und geheimen Feinde der weltlichen Herrschaft des Papstes. So enthüllt uns Pius IX. den innern Zusammenhang des antinomistischen Liberalismus und seine letzten Zielpunkte. Was ist aber dieses Reich der Freiheit, Gleichheit und Humanität, wenn es vollständig zur Geltung kommt, anders als das Reich des Antichristes, darauf gerichtet, mit allen Mitteln alles, was die Menschen zu Menschen macht, vor Allem die göttliche Führung Christi in der Kirche, die Anerkennung des unabänderlichen Gesetzes Gottes und seiner Vergeltung, die Heilighaltung von Recht und Sitte, zu beseitigen? Für dieses Reich streiten nicht bloß menschliche Kräfte; denn es handelt sich um mehr als irdisches Wohl und irdische Herrschaft; und so sind ihm auch irdische Mächte nicht gewachsen; menschliche Parteien werden ihm für die Dauer keinen Widerstand bereiten. Die Kirche allein, da sie mit göttlicher Weisheit und Kraft ausgerüstet ist, vermag diesen Feind unseres Geschlechtes zu besiegen. Das Heil kommt von dem, was der Liberalismus zu hindern sucht und, wo immer er kann, zerstört: von der Eintracht zwischen Staat und Kirche und dem entschiedenen Anschluß an die Grundfeste und Säule der Wahrheit.

Inhalt.

	Seite
Einleitung	7
I. Historisches. §. 1. Ueberblick	9
§. 2. Die erste Bekenntnißschrift des heutigen Liberalismus	21
§. 3. Die spätern Symbole des Liberalismus, oder: Reine Demokratie, Communismus, Socialismus und Socialdemokratie	34
§. 4. Ein Seitenstück aus der neuesten Geschichte der liberalen Theologie in Deutschland	52
§. 5. Die Bestrebungen der Liberalen, Communisten und Socialisten in den letzten Jahrzehnten	65
§. 6. Die vereinigten Fraktionen des Liberalismus dem heil. Stuhl gegenüber	75
II. §. 7. Der consequente Liberalismus ist eine Form des Antinomismus, der Gesetzesbestreitung, und zwar jene, welche aus dem Naturalismus entspringt	81
§. 8. Fortsetzung. Der consequente Liberalismus führt zur entwickeltsten Form des Antinomismus	94
§. 9. Gegen den Liberalismus gibt es kein Rettungsmittel für die moderne Menschheit außer der katholischen Kirche	100